영원한 자유인을 추구한 민족해방운동가
신채호

영원한 자유인을 추구한 민족해방운동가 신채호

| 이호룡 지음 |

글을 시작하며

　신채호는 우리나라 근대사상계에서 빼놓을 수 없는 중요한 인물로, 한말에 민족주의를 제창하여 일제강점기 민족해방운동에 그 지도이념을 제공하였다. 그리고 역사학자로서 사대주의에 찌든 봉건 유교사학을 비판하고 근대 민족주의역사학을 개척하였다. 그리하여 그는 우리나라의 민족주의자로는 첫 손가락에 꼽힌다.
　하지만 그보다 더 중요한 것은 신채호가 민족해방운동에 직접 뛰어들어 자신의 사상을 실천하기 위해 노력하였다는 것이다. 신채호는 자강운동가이자 민족주의역사학자로 널리 알려져 있지만, 일제강점기하 민족해방운동을 치열하게 전개했던 아나키스트이기도 하다. 그는 1910년대에는 해외로 망명하여 역사연구와 언론운동 및 교육활동으로 독립운동에 종사하였으며, 1920년대 이후에는 아나키스트로서 대한민국임시정부의 독립운동노선을 비판하면서 아나키즘에 근거한 민족해방운동을 전개하였다.
　신채호는 자신의 이념을 현사회에서 실현하기 위해 노력한 지성인으로서, 이론과 사상을 입이나 글로만 떠벌리며 자신의 지식을 팔아먹는 매문매필을 능사로 하는 그러한 지식인이 아니다. 신채호는 자신에게 주어진 시대적 사명을 다하고자 치열한 삶을 살았다. 그는 역사연구를 통해 시대적 사명을 다하고자 하였으며, 1920년대 후반부터는 글을 통한 주장에 그치지 않고 자유에의 의지를 실천에 옮기고자 노력하였다. 그 과정에서 체포되어 감옥에 갔으며, 감옥에서도 자신의 이념을 새로이 정립하고 그 실현하는 방법론을 모색하였다.

우리가 신채호로부터 배워야 할 것은 이러한 자신의 이념을 실현하고자 하는 처절한 몸부림이다. 그러한 몸부림은 당시의 시대정신에 부합한 것이다. 신채호가 추구한 것은 개인의 자유로운 삶이다. 그는 자유를 얻기 위해 학문을 하였고, 투쟁하였으며, 그를 위해 노력하다가 옥사하였다.

신채호의 행동을 뒷받침하고 있는 사상은 무엇일까? 민족주의 내지 국수주의일까? 아니면 아나키즘일까? 1900년대 말 민족주의를 제창하고 그 민족주의에 입각해서 1910년에 역사를 연구하고 독립운동에 종사하였다. 하지만 1917년 러시아혁명 이후에는 점차 사회개조·세계개조론과 대동사상을 수용하면서 점차 사회주의로 기울어져갔고, 3·1운동 이후에는 아나키즘을 비롯한 사회주의를 수용하기 시작하였고, 특히 민족해방운동론을 둘러싸고 대한민국임시정부와 대립하는 과정에서 아나키즘을 자신의 사상으로 수용하고, 아나키즘에 입각한 민족해방운동론을 민중직접혁명론이라는 형태로 정립하였다. 이후 아나키즘에 입각해서 민족해방운동을 전개하다가 일제의 감옥에서 산화하였다.

 우리는 신채호가 왜 봉건 유생에서 자강운동가로, 자강운동가에서 민족주의자로, 다시 민족주의자에서 아나키스트로 전환하였는지 그 의미를 되새겨야 할 것이다. 그의 사상적 전환은 변절을 의미하는 것이 결코 아니다. 변화하는 시대적 상황에서, 그 시대적 사명을 다하는 과정에서 사상적 전환을 한 것이다. 결국 그는 민족주의자가 아닌 아나키스트로서 생을 마감하였다. 여기에 우리가 아나키스트로서의 신채호에게 주목해야 하는 이유가 있다.

  이 책은 이 책과 함께 쓴 『신채호 다시 읽기』를 요약하여 쉽게 풀어 쓰고자 한 글이다. 일독하는데 참고하기 바란다. 이 글을 발표할 기회를 준 한국독립운동사연구소 관계자들에게 고마움을 전하며, 아울러 이 책을 예쁘게 만들어준 역사공간 사장님과 직원들에게 감사의 말씀을 전한다.

2013년 11월

이호룡

차례

글을 시작하며 _ 4

1 격변기에 태어나 자강운동가가 되다
　몰락 양반의 아들로 태어나다 _ 10
　자주적 근대화의 길을 모색하다 _ 16
　언론을 통해 자강운동을 전개하다 _ 23

2 민족해방운동을 전개하다
　국가주의와 민족주의를 제창하다 _ 35
　민족주의운동을 전개하다 _ 44

3 민족주의역사학을 개척하다
　한국의 역사를 연구하다 _ 63
　한국 근대역사학의 체계를 세우다 _ 67
　새로운 역사서술을 모색하다 _ 75

4 민중직접혁명론을 제창하다
아나키즘을 수용하다 _ 86
반임시정부의 기치를 들고 군사기관 창설을 도모하다 _ 106
민중직접혁명론을 제창하다 _ 112

5 아나키스트로서 민족해방운동을 전개하다
자유 의지를 실천에 옮길 방도를 모색하다 _ 132
무정부주의동방연맹을 결성하다 _ 134

6 글을 마치며
영원한 자유인으로 남다 _ 140

신채호의 삶과 자취 _ 156
참고문헌 _ 172
찾아보기 _ 185

01 격변기에 태어나 자강운동가가 되다

몰락 양반의 아들로 태어나다

신채호는 1880년 12월 8일 대전광역시 중구 어남동於南洞(당시 회덕군 산내면 어남리) 도리미桃林 마을에서 아버지 신광식申光植과 어머니 밀양 박씨 사이에서 둘째 아들로 태어났다. 그의 호는 단재丹齋인데, 처음에는 벼슬에 뜻을 두지 않겠다는 뜻에서 고려 말 포은 정몽주의 「일편단심가」를 본떠 호를 '일편단생一片丹生'이라고 지었다가, 너무 길다 해서 나중에 단생丹生 또는 단재丹齋로 고쳤다.

그의 고향은 충북 청원군 가덕면加德面(당시 청주군 가덕면)으로 집안은 몰락한 남인 계통으로서 문충공文忠公 신숙주申叔舟(신채호의 18대조)의 직계손이고, 본관은 경상북도 고령인데, 충북 청원군 낭성琅城·가덕·미원米院 3면 일대에는 고령 신씨의 일파인 산동 신씨들이 집성촌을 이루어 살고 있었다.

할아버지 신성우申星雨가 1867년 관계에 진출하면서부터 신채호 일가

복원된 단재 신채호 생가(대전광역시 중구 어남동 233번지)

는 고향을 떠나 도리미 마을에서 살았다. 그것은 신성우가 출사하면서 부인과 아들을 처가인 안동 권씨댁 근처로 보냈기 때문이다. 신성우는 1867년에 문과에 급제하여 그 해에 가주서假注書에 임명되었다. 그리고 1885년 1월에 종4품인 사헌부 장령에 제수되었다가, 그 해 9월 27일에 벼슬이 갈려 관직을 사직하고 낙향하였다.

　신성우가 관직에 있었음에도 신채호 집안은 경제 사정이 좋지 않았다. 가세가 기울어 논밭이 거의 없었다. 산간 밭을 개간하여 보리와 콩, 옥수수 농사를 지었는데, 춘궁기에는 콩죽으로 끼니를 잇다시피 했다. 그나마 콩죽조차 없을 때에는 산에서 쑥을 캐다가 죽을 쑤어 먹었고, 그것마저도 없을 때에는 끼니를 건너뛰었다. 신채호가 어릴 때 콩죽을 하도 많이 먹어서 물릴 지경이었는데, 나이 50이 되어서도 콩죽이라면 몸서리칠 만큼 끔찍해 했다. 그가 나중에 지은 「백두산 가는 길에」란 시에는 "인생 사십년 지리도 하다. 가난과 병은 잠시도 떨어지지 않네"라는 구절이 있다. 이 구절은 신채호가 어릴 때 가난에 얼마나 시달렸는지를 짐작케 해준다.

신채호가 일곱 살 되던 1886년에 아버지가 돌아가셨다. 할아버지는 다음해인 1887년에 가족들을 데리고 고향인 충북 청원군 낭성면(당시 청주군 낭성면) 귀래리歸來里 고두미 마을로 이사하였다. 신채호는 여덟 살 때부터 할아버지가 고향에 문을 연 서당에서 할아버지로부터 한학을 배웠다. 아홉 살 때『자치통감』전체를 해독할 정도로 지혜가 출중하였으며, 문학적 재능도 뛰어나 한시漢詩를 곧잘 짓곤 했다. 열두세 살 때는 사서삼경에 통달하였으며,『삼국지』나『수호지』등의 중국 역사소설을 즐겨 읽었다.

그는 학문적 성취가 뛰어나 신동이라는 소리를 들었는데, 신규식申圭植, 신백우申伯雨와 더불어 산동의 삼재三才라 불렸다. 그는 암기력도 매우 뛰어났다. 책장을 세듯이 넘기면서 한 번 훑어보았음에도 그 책의 내용을 충분히 이해할 정도였다. 그의 기억력은 책 내용을 복원할 정도로 뛰어났다. 나중에 그가 신문사에 다닐 무렵 비를 피해 잠깐 들어간 집에 소장되어 있던 책들을 읽은 적이 있는데, 며칠 뒤 그 집에 불이 나서 책들이 다 타버렸다. 그 속에는 가보로 전해져 내려오던 책도 있었는데, 집주인이 한 권밖에 없는 그 책이 타버린 것을 안타까워하자, 신채호가 자신이 읽은 기억을 되살려 그 책의 내용을 다시 필사해주기까지 하였

신채호 사당(충북 청원군 낭성면 귀래리 305번지)

다. 이러한 그는 어릴 때부터 학문에 대한 열정이 대단하였으며, 자신의 생각이 옳다고 판단하면 끝까지 자신의 주장을 포기하지 않고 관철시켰다.

신채호가 어느 정도 자라자 할아버지는 그를 구당苟堂 신병휴申秉休와 신승구申昇求에게 보내어 교육시켰다. 신채호가 신병휴의 문하로 들어간 것은 1894년이며, 1896년에는 신병휴 밑에서 신백우(신병휴의 아들)와 함께 수학하였다. 1894년 열다섯 살 되던 해 신채호는 사상 형성에 중요한 계기를 맞았다. 즉 이웃 마을 관정리官井里(청원군 낭성면 소재)에 갑오농민군이 들이닥쳤고, 당시 이 마을 서당에 다니고 있던 신채호는 봉건적 폭압에 맞선 농민들의 투쟁을 목격하였던 것이다.

신채호가 태어난 시기는 한국사회의 격변기였다. 19세기 중엽부터 농업생산력의 발달로 이미 봉건사회 해체기에 들어갔다. 조선 봉건사회를 지탱하던 신분제와 지주전호제地主佃戶制는 차츰 해체되어 가고 있었다. 농촌에서는 요호부민饒戶富民들이 새로운 사회세력으로 성장하여 사회변혁을 꿈꾸었다. 그들은 1862년 임술농민항쟁을 통해 사회개혁을 시도했으나 실패하고 말았다. 하지만 그것은 대원군 정권으로 하여금 수습책을 내놓도록 만들었다. 대원군은 사회개혁을 시도하여 민심을 수습하고, 그것을 기반으로 당시 조선의 문호개방을 압박하던 제국주의의 침략을 물리칠 수 있었다.

하지만 대원군의 개혁정책의 궁극적 목적은 조선 봉건왕조를 재건하는 것으로 시대의 흐름과는 동떨어진 것이었다. 결국 10년간 지속된 대원군 정권은 고종의 친정親政을 명분으로 내세운 반대세력에 의해 붕괴되었고, 고종은 1876년 일본의 군사력에 굴복하여 강화도조약을 체결하고 문호를 개방하였다. 그리고 1882년에는 일본의 한국 진출을 견제하던 리홍장李鴻章의 주선으로 조미수호통상조약을 체결하였으며, 1883년에는 영국, 독일 등과도 통상조약을 체결하였다. 한국의 위정자들은 서구 열강과의 조약 체결을 통해 국제적 세력의 균형 속에서 독립을 유지하고자 했지만, 결국 준비가 갖추어지지 않은 상태에서의 문호개방은 서구 열강의 이권쟁탈지로 전락하는 계기가 되었다.

문호개방 이후 서구의 기계제 상품이 한국으로 물밀 듯이 밀려들었고, 이제 막 성장하기 시작하던 한국의 수공업은 급속히 몰락하였다. 농가경제의 한 축을 담당하던 수공업의 몰락으로 농민들의 경제사정은 더욱 어려워졌다. 거기에다 봉건 지배세력의 가렴주구는 더욱 기승을 부렸다. 참다못한 농민들은 1894년 다시 한 차례 봉기를 일으켰다. 그것이 바로 갑오농민전쟁이다.

당시 농민들은 봉건지배계급으로부터 가혹한 수탈을 당하였는데, 1894년 고부군의 농민들은 군수 조병갑趙秉甲의 가혹한 가렴주구를 계기로 민란을 일으켰다. 고부민란은 동학의 조직망을 통하여 호남 전 지역으로 확산되었고, 충청도에까지 진출하면서 갑오농민전쟁으로 발전하였다. 갑오농민전쟁은 1862년에 일어난 임술농민항쟁을 계승하면서 밑으로부터의 개혁을 통한 근대화를 추구하였다. 밑으로부터의 개혁을 통한 근대화는 조선 후기에 새로운 사회세력으로 성장하기 시작한 부농층과 농민들에 의해 추진되었는데, 이들은 농민적 토지소유 실현을 통해 봉건사회를 타파하고자 하였다. 갑오농민군 역시 토지 분배, 노비 해방, 폐정 개혁 등을 요구하였다.

갑오농민전쟁은 외세의 개입으로 결국 실패하고 말았지만, 농민군들의 기세는 조선 봉건왕조를 풍전등화의 위기로 몰아넣을 정도로 막강하였다. 농촌사회를 휩쓴 농민들의 힘은 신채호에게 커다란 충격을 주었던 것으로 보인다. 신채호가 자신의 사상을 형성해가는 과정에서 목격한 갑오농민군들의 반봉건투쟁은 그가 모든 강제적 권력이나 억압을 거부하게 되는 단초가 되지 않았을까 여겨진다.

자주적 근대화의 길을 모색하다

1895년 열여섯 살에 풍양 조씨趙氏와 결혼한 신채호는 1896년에 신병휴와 신승구 밑에서 수학하다가 1897년 신승구의 주선으로 신기선申箕善을 소개받았다. 신기선은 많은 서적을 보유하고 있었는데, 신채호는 그의 서재에서 실학과 신학문에 관한 많은 서적을 접하였다. 하지만 신기선으로부터 도움은 받았을지라도 사승 관계를 맺지는 않았던 것으로 보인다. 그것은 신채호가 나중에 신기선을 일본의 '3대 충노忠奴'의 하나로 지목하였기 때문이다. 신채호는 「일본의 큰 충노 세 사람」(『대한매일신보』 1908. 4. 8)이라는 제목의 글에서 신기선을, 이토 히로부미伊藤博文로부터 거액을 받아 대동학회를 확장하고 유림을 위협하여 친일로 돌아서게 만든 사람이라면서 신랄하게 비판하였다. 이는 제자로서는 행하기 어려운, 사부를 능멸하는 행위로 신채호가 취하기 어려운 행위라 할 수 있다.

신채호는 실학과 근대적인 신학문을 접하면서 점차 근대의식을 깨우쳐 갔다. 그는 1898년 가을에 신기선의 추천으로 성균관에 입학하였다. 기숙사 남재南齋에 기거하면서 수당修堂 이남규李南珪로부터 가르침을 받았는데, 그로부터 빼어난 재주를 인정받았다. 변영만卞榮晩은 이규남이 살아 있을 때 일찍이 신채호의 뛰어난 재질을 어여삐 여겨, 만나는 사람마다 신채호의 아름다움을 칭찬하였던 것으로 회고하였다.

신채호는 변영만, 김연성金演性, 류인식柳寅植, 조소앙趙素昻 등과 교류하면서 함께 독서회를 조직해 사회과학을 공부하였다. 그 과정에서 서구

『대한매일신보』 1908년 4월 8일자에 실린 논설 「일본의 큰 충노 세 사람」

사상을 연구해야 할 필요성을 느꼈다. 그리하여 수업이 없는 오후에는 종로에 나가 서점가를 돌며 근대지식을 섭취하는 등 서구의 근대사상을 폭넓게 접하였다. 그 과정에서 봉건적 사상인 주자학의 틀을 깨고 사회진화론을 수용하였다.

사회진화론은 다윈C. R. Darwin의 진화론을 인류사회에 적용시킨 것이다. 인류사회도 자연계와 마찬가지로 약육강식·적자생존의 원칙에 따라 진화·발전해왔다는 주장으로 강자가 약자를 지배하는 것을 당연한 것으로 여겼다. 사회진화론은 19세기 말에 개화파를 비롯한 한국 지식인들에 의해 수용되었는데, 이들은 한국이 자주독립국가가 되기 위해서는 강자가 되어야만 하고, 강자가 되기 위해서는 교육 장려와 생산을 늘리고 산업을 일으키는 등 실력을 양성하여야 하는 것으로 인식했다. 개화파들은 지주계급의 이해를 대변하면서 제국주의 세력을 등에 업고 위로부터의 개혁을 통한 근대화를 추진하였는데, 위로부터의 개혁을 통한 근대화운동은 1884년의 갑신정변, 1894년의 갑오개혁, 1896년에서 1898년까지의 독립협회활동, 광무연간에 추진된 광무개혁, 1905년 이후의 자강운동 등으로 이어졌다.

개화지식인으로 거듭난 신채호는 사회진화론적 입장에서 실력을 양성하기 위하여 계몽운동에 참여하였다. 그는 1898년 10월 무렵 독립협회에 가입하여 이상재李商在·신흥우申興雨·김규식金奎植·이기현 등과 함께 내무부 문서부 서기장 및 과장 부장으로 출입하다가, 1898년 11월 5일(음력) 430여 명의 동지와 함께 체포되었다. 신채호는 감옥에서 풀려난 뒤에도, 계몽운동을 전개하면서 자주적 근대화의 길을 모색했다.

1899년 스무 살 되던 해에 그동안 의지해오던 형 재호마저 저세상으로 떠나자 신채호는 귀향한 것으로 보인다. 그는 할아버지와 부인 및 조카를 거느린 가장이 되었지만, 식솔들을 돌볼 경제적 능력은 없었다. 그는 오로지 학문에만 전념하였을 뿐, 평생 돈에 대해 초연하였으며, 빨간색 여자 내의를 입는 등 세상살이에 서툴고 세상의 평판에도 무관심하였다. 하지만 그는 추운 겨울밤에 땔감이 없어 추위에 떠는 가족들을 위해 옆집 장작을 훔치기도 했고, 식량이 떨어지자 자존심을 굽히고 옆집 부자에게 돈을 빌리러 두 번씩이나 찾아가기도 했다.

1901년 2월 성균관 유생 30여 명과 함께 「헌의서」를 제출하여 황제국에 맞게 법규를 고쳐 황제의 존엄을 보일 것을 주청하였던 신채호는 그 해부터 교육운동에도 종사하였다. 19세기 말 사회진화론에 입각한 실력양성운동이 전개되면서 교육의 중요성이 강조되었다. 1883년에 원산 지방민들에 의해 원산학사元山學舍가 설립된 것을 기화로 한국에 근대식 학교들이 설립되기 시작하였다. 정부는 1883년에 동문학(1886년 육영공원 설립으로 폐교)을 설치한 것을 시발로 소학교·중학교·사범학교·외국어학교 등 여러 관립학교를 설립했으며, 1895년에는 소학교령을 공포하였다. 이리하여 근대식 학교는 민간 차원에서도 설립이 활발하게 이루어져 점차 전국적인 규모로 확대되었다. 선교사가 중심이 되어 설립한 기독교계 사립학교와 일반 민간인 사립학교로 나뉘는데, 원산학교(1883)를 시발로 하여 광혜원(1885), 배재학당(1885), 이화학당(1886), 경신학교(언더우드, 1886), 흥화학교(민영환, 1895), 개성학교(박기종, 부산, 1896), 정선여학교(양현당 김씨, 1897), 점진학교(안창호, 평남 강서, 1899), 문동학원(신규식, 청원), 청년학원(전덕기, 상동교회, 1904), 광성의숙(민영휘, 휘문의숙으로 개명, 1904), 양정의숙(엄주익, 1905), 한성법학교(1905), 보성학교(이용익, 1905) 등이 설립되어, 1905년에 이르면 그 수가 모두 220개나 되었다.

충북 지역에도 신규식에 의해 문동학원文東學院, 산동학당山東學堂, 덕남사숙 등이 설립되었다. 신채호는 1901년 가을 고향 농민들에게 새로운 문물과 사상을 깨우쳐 주기 위하여 신규식의 고향 청원군 가덕면 인차리仁次里에 설립되어 있던 문동학원에서 신백우와 함께 강사 생활을 하였다. 그는 주민들에게 시대가 변하였다는 것을 강조하였다.

신채호는 자신이 유생이면서도 향리 주민들에게 '한문무용론'을 제기하였다. 그에게 한문은 사대주의의 상징으로 보였다. 그는 자주적 독립국가를 건설하기 위해서는 사대주의를 극복하고 자주성을 갖추어야 하는바, 자기 나라의 글을 가지는 것이 자주성을 회복하는 지름길이라고 파악하였다. 하지만 신채호의 한문무용론은 사대주의와 중국의 문물과 사상을 흠모하는 모화사상慕華思想에 젖어 한문을 귀한 글, 한글을 하찮은 언문으로 여기던 봉건 유생들에게는 청천벽력과 같은 것으로 여겨졌을 뿐이다. 그리하여 신채호는 그들로부터 배척당하기도 하였다.

그는 한글 사용을 적극 권장하였다. 『대한매일신보』에 국한혼용문과 순수 한글로 된 논설이나 사론을 함께 발표하였고, 자신이 편집인 겸 발행인으로 있던 『가정잡지』에는 순수 한글로만 글을 발표하였다. 그리고 그는 소설을 통해 사회를 계몽하고, 그것에 의해 사회변혁을 이루고자 할 만큼 소설을 중시하고 많은 소설을 창작하였는데(김준형, 83·85쪽), 소설을 창작할 때 국한문 본을 먼저 만들었지만, 반드시 국문 본을 별도로 만들 만큼 한글을 중시하였다. 그것은 보다 많은 대중들에게 소설을 읽히기 위한 것이었다. 이처럼 한글 사용을 강조하던 신채호는 한글 창제와 관련한 연구도 진행하였다.

이후 서울로 올라간 신채호는 여러 인사들과 교류하면서 봉건적 주자학의 울타리에서 벗어나 신학문을 연구해야 한다고 역설하였다. 그는 의병을 일으켰다가 실패하여 1903년 서울에 올라온 류인식을 만나 그와 함께 지내면서 영남학술이 개혁되지 않으면 안 된다는 것과 서양의 학문을 연구하지 않으면 안 된다는 것을 설파하였다. 그가 수긍하지 않자 신채호는 신학문에 관한 서적 몇 권을 주면서 읽어볼 것을 권하였다. 그리고 스스로 단발을 결행하고, 류인식에게도 단발할 것을 권장했다.

한편, 신채호는 친일 무리들을 성토하는 데도 앞장섰다. 대한제국 정부는 1876년 문호를 개방하면서 무관세 무역권과 외국화폐통용권을 일본에게 넘겨준 이후부터 중국과 일본 및 서구 열강의 압력에 의해 각종 이권들을 그들에게 넘겨주었다. 당시 한국 정부 고위 관료들은 나라의 운명은 고려하지 않은 채 이들 이권을 양도하는 데 앞장서는 등 사리사욕을 채우는 데 혈안이 되어 있었다.

1900년 러시아가 군사적 목적의 부동항을 얻기 위해 대한제국 정부와 마산포 저탄소貯炭所 설치에 관한 협약을 체결한 뒤, 6월에 마산 율구미에 조차지를 설치하자, 러시아와 경쟁하고 있던 일본도 1902년 5월 마산에 일본 전관거류지專管居留地 30여만 평을 설치하였다. 이에 신채호는 정부를 성토하는 글을 발표하였다.

그리고 일본은 러일전쟁이 일어난 뒤 전세가 일본에게 유리하게 전개되자, 1904년 2월 대한제국 정부에 한일의정서韓日議定書 체결을 강요하고, 이어서 각종 이권을 탈취하는 등 경제적 침탈을 강화하였다. 이러한 가운데 일본은 궁내부宮內府 산하 어공원御供院이 관장하던 산림·천택川澤과 '황무지개간권'을 요구하였다. 황무지 개간은 실제로는 토지약탈을 의미하였다. 이에 관리들과 유생들이 반대 상소운동을 벌이고, 각 언론기관도 반대 사설을 실어 여론 형성을 주도하는 등 전국에서 황무지개간권 양도에 반대하는 투쟁이 전개되었다.

나아가 원세성元世性·송수만宋秀萬·심상진沈相震 등은 보다 조직적이고 지속적인 반대투쟁을 벌여야 할 필요성을 느끼고, 1904년 7월 13일 서울 종로 백목전白木廛에서 중민회의衆民會議를 열어 '보안회'를 설립하였다. 보안회는 회장에 신기선, 부회장에 정유인鄭裕寅, 대판회장代辦會長에 송수만을 추대하고, 전국에 통문通文을 돌려 회의 취지와 운동 방향을 밝혔다. 보안회는 통문을 통해 "국가의 존망이 달린 것이므로 조그마한 땅도 양여할 수 없다"고 밝히고, 아울러 "이러한 뜻이 관철되면 그 날로 해산할 터이나, 목표가 관철될 때까지 성토·연설 운동을 전개"할 것을 다짐했다. 전국 각지에서 적극적인 호응이 이어졌다. 서울에서는 종로 상가가 문을 닫았고, 전차 운행도 중단되었다. 그리고 일본 침략에 대한 성토와 연설 및 반대 선언문 발표가 연일 계속되었다.

성균관에서도 일본의 황무지개간권 요구에 반대하는 투쟁이 전개되었다. 1904년 6월 성균관에서 조소앙 등 유생들이 일제의 황무지개간권 요구에 항의하는 항일성토문을 작성하였는데, 신채호도 이에 참여하였다. 성균관 유생들은 이 성토문을 통해 일본 침략의 불가함을 상소하고, 황무지 개간에 동의한 이하영·현영운 등의 매국 행위를 규탄하였다. 이를 계기로 성균관 유생들은 기한부 동맹휴학에 돌입하였다. 일본의 황무지개간권 요구에 반대하는 투쟁이 전국적으로 전개되자, 결국 정부는 일본의 황무지 개척권 요구를 거절한다고 발표하였다.

　이후 신채호는 다시 귀향하여 신백우·신규식 등과 함께 관정리 신충식申忠植의 집에 산동학당을 설립하여, 세계정세를 소개하고 신학문을 가르치며 열렬한 애국의식을 고취하였다. 신채호는 1905년 4월 4일 성균관 박사에 임명되었으나 다음날 사임하고, 교육활동에 계속 종사하였다.

언론을 통해 자강운동을 전개하다

일제는 러일전쟁이 일어나자 1904년 2월 23일 '한일의정서'를 강제로 체결한 데 이어, 8월 22일에는 제1차 '한일협약(한일 외국인 고문 용빙에 관한 협정서)'을 체결하여 대한제국의 재정·외교의 실권을 박탈하는 등 대한제국을 일본의 보호국으로 만드는 데 주력하였다. 우선 서구 열강으로부터 대한제국을 보호국화 하는 데 대한 양해를 구하였다. 1905년 7월 미국과 '가쓰라-태프트 밀약'을 체결한 데 이어, 영국과는 8월 12일 제2차 '영일동맹'을 체결하여 사전 묵인을 받았다.

　러일전쟁을 승리로 이끈 일본은 1905년 9월 5일 러시아와 '포츠머스 강화조약'을 체결하였는데, 여기에서 일본은 어떠한 방법과 수단으로든지 대한제국 정부의 동의만 얻으면 대한제국의 주권을 침해할 수 있다는 보장을 받았다. 일본은 이토 히로부미伊藤博文를 파견하여 대한제국의 외교권을 박탈하는 내용의 '제2차 한일협약(을사늑약)' 체결을 추진하였다. 대한제국 정부의 격렬한 반대에 부딪히자 헌병을 동원한 상태에서 대신 한명 한명에게 조약체결에 대한 찬반을 물어 대한제국 조정 대신들의 승인을 받았다. 한규설과 민영기만 적극적으로 반대하였을 뿐이다.

고종은 11월 22일자로 미국에 체재 중인 황실고문 헐버트Hulbert에게 다음과 같이 통보하였고, 이 사실은 전 세계에 알려졌다.

"짐은 총칼의 위협과 강요 아래 최근 양국 사이에서 체결된 이른바 보호조약이 무효임을 선언한다. 짐은 이에 동의한 적도 없고 금후에도 결코 아니할 것이다. 이 뜻을 미국 정부에 전달하기 바란다."

하지만 일본은 1906년 2월 서울에 통감부를 설치하였고, 초대 통감으로 이토 히로부미가 취임하였다. 을사늑약 체결로 일본은 대한제국의 외교권뿐 아니라 사법권과 경찰행정까지 장악하였다.

을사늑약 체결 소식이 전해지자, 장지연張志淵은 1905년 11월 20일 『황성신문』에 「이날을 목 놓아 통곡한다是日也放聲大哭」는 논설을 발표하여 일본의 침략성을 규탄하고 조약 체결에 찬성한 대신들을 비판하였다. 전국에서 을사늑약에 대한 반대투쟁이 전개되었다. 일부 유생과 전직 관리들은 상소투쟁을 벌이다가 실효를 거두지 못하자 죽음으로써 항쟁하였고, 보다 적극적인 투쟁으로 의병전쟁도 전개되었다. 이와 동시에 지식인들을 중심으로 실력을 양성하여 국권을 회복하자는 자강운동도 전개되었다. 자강운동가들은 한국이 일본의 보호국으로 전락한 것은 '힘'과 '실력'이 부족했기 때문으로 보았다. 따라서 학교 설립, 신문·잡지 발간, 학회 설립, 산업 진흥 등을 통해 실력을 양성하고 점진적으로 국권을 회복하고자 하였다. 그리고 이를 위해 신교육구국운동, 언론계몽운동, 실업구국운동(민족산업진흥운동), 국채보상운동, 신문화·신문학운동, 국학운동, 민족종교운동, 해외독립군기지 창건운동 등을 전개했다.

신채호도 언론활동을 통해 자강운동에 참가하였다. 그의 언론활동은 1905년 산동(山東)에 있는 사돈댁을 다녀가는 길에 신채호 집에 들른 장지연의 제의에서 비롯되었다. 신채호가 『황성신문』 주필로 언론계에 발을 들여놓은 것은 1904년에 작성하였던 항일성토문이 계기가 된 것으로 보인다. 신채호는 『황성신문』 주필로 있으면서 예리한 필봉을 휘둘러 드높은 명성을 얻었다. 하지만 『황성신문』은 장지연의 논설 「이날을 목 놓아 통곡한다」가 문제 되어 장지연을 비롯한 10여 명이 구속되고 신문은 무기정간 되었다.

1906년 1월 24일에 『황성신문』이 재간되었다. 하지만 일제의 탄압이 계속되자 신채호는 퇴사한 것으로 보인다. 신백우에 의하면, 신채호는 을사년(1905년)에 황성신문사의 주필이 되어 귀신을 놀라게 하는 필력으로 대내적으로는 고루한 옛날 풍습을 타파할 것을 주장하고, 대외적으로는 일대 변혁되어 가는 세계정황을 소개하였다. 특히 을사늑약 체결을 단호하게 배격하여 외세에 굴종하는 위정자들의 탄압을 받았는데, 이에 하루라도 돈을 벌지 못하면 굶어야 하는 상황임에도 불구하고 기아를 스스로 감수하며 분연히 붓을 던지고 퇴사하였다.

신채호는 1907년 11월 6일부터 박은식朴殷植을 대신하여 『대한매일신보』 주필로 근무하였다. 그는 신문에 교육·종교·도덕에 대한 계몽적인 논설을 발표하여 신교육·신도덕 수립을 통한 구국운동의 필요성을 역설하였다. 우선 교육에서의 남녀 불평등, 국적 없는 신교육, 당국의 교육정책 등을 비판하였다. 즉 의도적으로 애국·자유·독립 등의 문자를 쓰지 못하도록 강요하던 당시 학부와 일부 교육계 인사들의 교육방침을 맹렬히 공격하면서, 국민의 애국심을 길러주는 교육만이 이 시대의 진정한 교육임을 강조하였다. 그리고 협애한 가족적 관념을 버리고 국가적 관념을 가질 것을 촉구하였다.

신채호는 『황성신문』, 『대한매일신보』 외에도 『가정잡지』(1906년 6월 창간, 발행인 유일선) 발행에도 관계하였다. 경영난으로 휴간되었던 『가정잡지』가 1908년 1월 민준호를 사장으로 하여 속간되자, 신채호는 편집인 겸 발행인으로 참가하여 가정부인들을 대상으로 자강운동을 전개했다. 그 내용은 문명국가로 나아가기 위해서는 가정개혁이 먼저 이루어져야 한다는 것이었다. 그는 우선 옛 습관과 옛 소견을 버리고 지식과 견문을 새롭게 할 것과 새 사업을 추진하고 새 서적으로 자손을 가르칠 것을 역설하였으며, 자식에 대한 교육열을 높게 평가하면서도, 가문의 지체를 높이는 교육보다는 나라의 지체를 높이는 교육에 힘써 줄 것을 당부하였다.

신채호는 학회 등 계몽단체에 가입하여 활동하였다. 을사늑약이 체결되자 자강운동가들은 잃어버린 국권을 회복하기 위한 운동을 전개하기 위해 각종 단체를 조직했다. 먼저 1906년 3월에 장지연·윤효정尹孝定·

심의성沈宜性 · 임진수林珍洙 · 김상범金相範 등의 발기로 대한자강회大韓自强會(회장 윤치호)가 조직되었는데, 이는 1905년 5월에 결성되었던 헌정연구회를 확대 개편한 것이다. 대한자강회는 "교육의 확장과 실업의 발달을 연구 실시함에 대강의 부강을 이루고 타일 독립의 기초를 만드는 것"을 목표로 하였다. 1906년 10월에는 대한자강회, 기독교청년회, 국민교육회, 전·현직 무관집단과 언론인 등 평안남북도와 황해도 출신의 지식인이 중심이 되어 서우학회를 조직하였으며, 함경도 인사들에 의해서 한북흥학회도 조직되었다.

『대한자강회 월보』

이처럼 국권회복운동이 활발하게 전개되자 일제는 이를 탄압하기 시작했다. 1907년 7월 24일 '신문지법'을 공포하여 언론·출판에 대한 검열을 강화하였으며, 7월 27일에는 '보안법'을 공포하여 언론·집회·결사의 자유를 더욱 제한하였다. 그리고 1907년 8월 19일 고종 양위와 정미칠조약에 대한 반대 시위를 주도하였다는 이유로 대한자강회를 강제 해산시켰다.

대한자강회가 강제해산되자, 그 뒤를 이어 1907년 11월에 권동진權東鎭 · 남궁억 · 여병현呂炳鉉 · 유근柳瑾 · 이우영李宇榮 · 오세창吳世昌 · 윤효정 · 장지연·정운복鄭雲復·홍필주洪弼周 등의 발기로 대한협회(회장 남궁억)가 창설되었다. 대한협회는 교육 보급, 산업 개발, 생명·재산 보호, 행정제도 개선, 관민폐습 교정, 근면·저축 실행, 권리·의무·책임·복종 사상 고취 등을 내세우는 등 대한자강회와 동일한 범주의 활동을 하였다.

이와 비슷한 시기에 일제의 강화된 탄압을 적극적으로 극복하고자 1908년 1월 서우학회와 한북흥학회가 통합되어 서북학회가 조직되었다. 서북학회의 구성원은 주로 평안도·함경도·황해도민이었으며, 이동휘李東輝·안창호安昌浩·박은식·이갑李甲·유동열柳東說·최재학崔在學 등이 주요 임원이었다. 기호 인사들을 중심으로 1908년 1월에 기호흥학회도 창립되었다. 이외에도 호남학회(1907. 7), 관동학회(1908. 3), 교남교육회(1908. 3), 흥사단, 대한흥학회(유학생 단체, 1909. 1) 등이 결성되어 활동했다.

하지만 합법단체로 조직된 일반 계몽단체는 그 활동상에서 일정한 한계를 가질 수밖에 없었다. 국권회복운동에 대한 일제의 탄압이 강화되면서 자강운동을 주도한 것은 비밀결사로 조직된 신민회였다. 신민회는 1907년 4월에 안창호의 발기로 양기탁梁起鐸·전덕기全德基·이동휘·이동녕·이갑·유동열·안창호 등 7인이 창건위원이 되고, 노백린盧伯麟·이승훈李昇薰·안태국安泰國·최광옥崔光玉·이시영李始榮·이회영李會榮·이상재·윤치호尹致昊·이강李剛·조성환曺成煥·김구金九·박은식·신채호·임치정林蚩正·이종호李鍾浩·주진수朱鎭洙 등이 중심이 되었다. 신민회의 회원은 전국에 걸쳐 약 800명에 달하였다.

신민회의 목적과 이념은 국권을 회복하여 자주독립국을 세우고 정치체제를 공화정체共和政體로 하는 것이었다. 국권 회복 후에 군주제君主制를 폐지하고 공화국共和國을 수립하려 한 것은 신민회가 한국 역사상 최초이다. 신민회는 국권 회복을 위한 독립전쟁 전략과 기회론機會論 전략을 수립하고 실력 양성을 중요시하였다. 신민회가 주장한 실력은 국민의 실력으로, 신국민新國民이 되어야 한다고 주장했다. 그리고 신민新民은 반드시 자기 스스로의 힘으로 주체적으로 하는 자신自新이어야 한다고 주장하였다. 신민회는 실력양성을 위한 사업으로써 『대한매일신보』와 『소년』 등의 신문·잡지 및 서적 간행, 계몽 강연, 학교 설립과 인재 양성, 각급 학교 교육방침 지도, 실업·민족산업자본 진흥과 실업가의 영업방침 지도, 국외에서의 무관학교 설립, 국외에서의 독립군기지 창건 등을 설정하고, 이를 진행했다.

신채호는 자강운동을 조직적으로 전개하기 위해 대한자강회와 대한협회, 기호흥학회 등의 계몽단체에 가입하여 그 기관잡지 『대한협회 회보』와 『기호흥학회 월보』에 글을 발표하는 등의 활동을 전개하였다. 그리고 신민회 결성에도 참가하여 주요 구성원으로서 활동하면서, 신민회가 기관지로 활용하였던 『대한매일신보』에 많은 글을 발표했다.

1907년부터 김광제金光濟와 서상돈徐相敦의 제창에 의해 국채보상운동이 전개되었다. 일제는 한국 재정을 일본 재정에 완전히 종속시키고, 한국을 일본의 식민지로 만들기 위한 정지작업의 일환으로 제1차 한일협약 이후 1906년까지 네 차례에 걸쳐 1,150만 원의 차관을 도입하였다. 대규모의 차관 도입은 한국경제의 독립성을 위협하는 수준에 이르렀다. 이에 대구의 광문사廣文社 사장 김광제와 부사장 서상돈이 1907년

신민회 주요 인물들

최광옥

조성환

전덕기

이상재

이동휘

이동녕

유동열

양기탁

안창호

이회영

이시영

이승훈

이강

이갑

윤치호

박은식

노백린

김구

2월 중순, 금연으로 국채를 갚아 나가자는 '국채보상운동'을 제창하였다. 김광제와 서상돈은 『대한매일신보』 1907년 2월 21일자에 "국채 1,300만 원은 바로 우리 대한제국의 존망에 직결되는 것으로 갚지 못하면 나라가 망할 것인데, 국고로는 해결할 도리가 없으므로 2,000만 인민들이 3개월 동안 흡연을 폐지하고 그 대금으로 국고를 갚아 국가의 위기를 구하자"고 발기 취지를 밝혔다. 대동광문회大同廣文會(대구 광문사)는 취지문을 발표한 뒤 민회소民會所, 즉 단연회斷煙會를 설립하여 직접 모금운동에 나섰다. 국채보상운동 제창이 『대한매일신보』, 『제국신문』, 『만세보』, 『황성신문』 등에 보도되자 각계각층에서 광범하게 호응을 하였다. 서울에서는 2월 22일 김성희金成喜 등이 국채보상기성회國債報償期成會를 설립하고 취지서를 발표하였다. 이후 전국에서 '국채보상'이라는 이름을 붙인 국채보상운동단체가 20여 개나 창립되었다. 신채호도 금연을 단행하고, 이를 통해 모은 돈 2원을 성금으로 내놓는 등 국채보상운동에 적극 참가하였다.

신채호는 역사와 국어, 문학에도 깊은 관심을 나타냈다. 그는 국문소설이 국민을 교화하는 데 큰 역할을 한다는 것을 강조하면서, 당시 유행하던 신소설이 가지고 있던 문제점 즉 문제의식 부재와 선정적 요소를 비판하였다. 나아가 문학 개조에 관한 자신의 입장을 밝혔는데, 문학의 사명은 국민의 정신을 일깨우는 데 있다는 것이었다. 따라서 그는 「근일 국문 소설을 저술하는 자의 주의할 일」에서 천하 사업을 이루는 자는 어리석은 남녀愚夫愚婦와, 어린이와 바쁘게 돌아다니는 심부름꾼兒童走卒, 즉 평범한 보통사람들이고, 이들의 마음을 움직이는 것은 소설인바, 소설은 국민의 혼이라 할 수 있다고 하면서, 모든 국민이 보는 국문 소설이 사회에 미치는 영향은 매우 클 수밖에 없으며, 따라서 올바른 소설을 저술하는 것은 매우 중요하다고 주장하였다.

당시의 소설은 음탕한 내용을 다루거나 한 때의 이익이나 도모하는 사상에 입각한 것으로 그것으로는 새 사상을 수입케 할 수 없음을 한탄하였다. 「근일에 소설 짓는 자의 추세를 볼진대」에서도 소설은 국민의 나침반으로 모든 사람이 즐겨 읽어서 국민들에게 미치는 영향이 매우 큼에도, 요즘 소설가들은 음란함으로 주지를 삼고 있다고 하면서, 이를 개탄하였다.

그는 국문의 중요성을 설파하면서 한글을 연구하고 한글의 자주성과 우수성을 널리 알리고자 하였다. 「국한문國漢文의 경중輕重」에서 고려 이후 우리나라가 원과 청에 굴복한 것은 요의了義가 창제한 한글을 천시하고 한문을 중히 여긴 결과, 일반 학사들이 한문으로 국문을 대신하고 중국사로 국사를 대체하여 국가사상을 박멸剝滅하였기 때문이라면서, 국문을 중히 여겨야 한다고 주장하였다. 「문법을 마땅히 통일할 일」에서는 "한문으로는 국민지식을 균계均啓하는 것이 불가능한바, 국한문을 혼용하고자 하나, 문법이 통일되어 있지 않아 서술방식이 사람마다 다른 등 많은 폐해가 발생하고 있다"고 하면서, "문법을 통일하여야 학생의 정신을 통일하며 국민의 지식을 보계普啓할 수 있다"고 주장하였다. 이어 「국문연구회 위원 제씨에게 권고함」을 통해 국문연구회 위원들에게 국민의 지식발달에 유익한 사서辭書나 자전字典 편찬에 종사할 것을 촉구하였다.

그리고 한글의 기원에 대한 연구도 진행하였다. 「국한문國漢文의 경중輕重」에서 요의가 한글을 창제했다고 밝힌 신채호는 「국문의 내력」에서 한글을 창시한 자가 세종대왕이 아니라 세종 이전의 고승 요의임을 증명하고, 단군시대에 이미 한글이 있었다고 주장하였다.

한편, 신채호는 당시 절박한 실정의 한국사회에 대해서는 일체 관심을 두지 않고 경전만을 읊는 유교계와 불교계에 대해서도 비판을 가하였다. 즉 유교 자체에 대한 개혁을 촉구하면서 유교계가 과감한 자기반성과 체질개선을 통해 국권회복을 위한 애국운동을 실천하는 종교로 변화해줄 것을 촉구하였다. 이어 한국 부흥의 성패는 오로지 유림에게 달려 있다면서 유림들에게 대오각성할 것을 호소하였다. 「유교 동포에게 경고함」·「유교계에 대한 일론一論」·「유교 확장에 대한 논論」 등을 발표하여 유교 자체에 대한 개혁을 촉구하였다. 유교계가 과감한 자기반성과 체질 개선을 통해 국권회복을 위한 애국운동을 실천하는 종교로 변화해야 한다는 것이었다. 그리고 「승려 동포에게 권고함」을 통해 승려들에게도 삼국 이래 호국불교의 전통을 계승하고 한국에 진출한 일본 승려에 맞설 것을 주문하였다.

민족해방운동을 전개하다 02

국가주의와 민족주의를 제창하다

일본은 1905년 을사늑약에 의하여 외교권을 박탈하고 통감부統監府를 설치하여 대한제국의 내정까지 간섭하였다. 을사늑약을 인준하지 않았던 고종은 을사늑약의 부당성을 해외에 널리 알리고자 노력하였으나, 그러한 노력은 아무런 성과를 내지 못하였다. 그러한 상황에서 1906년 6월 러시아 황제 니콜라이 2세가 극비리에 고종에게 제2회 만국평화회의의 초청장을 보내왔다. 고종은 일제의 폭력적 침략을 호소하고 을사늑약의 무효를 주장하기 위해 이 회의에 특사를 파견하였다. 정사正使 이상설李相卨, 부사副使 이준李儁과 이위종李瑋鍾 등 3인이었다. 특사 일행은 평화회의에 공식적으로 한국 대표의 자격으로 참석하기 위한 활동을 벌였지만 결국 실패하였다. 이들은 비공식 경로를 통해 일제의 침략상과 을사늑약이 무효임을 알리는 내용의 공고사控告詞를 의장과 각국 대표들에게 보내고, 그 전문을 『평화회의보』에 발표하였다. 그리고 7월 9일 각국 신문

만국평화회의에 파견된 특사 이준·이상설·이위종

기자단의 국제협회에 참석하여 세계의 언론인들에게 한국의 비참한 실정을 알리고 한국이 주권을 회복할 수 있도록 도와줄 것을 요청하였다. 이에 한국의 처지를 동정하는 결의안이 즉석에서 만장일치로 의결되었다. 하지만 한국대표의 회의참석은 끝까지 거부되었다.

일본은 특사 파견의 책임을 물어 고종을 강제로 퇴위시키고 순종을 등극시켰다. 이어 일본은 한국을 식민지화하기 위한 일련의 작업을 진행했다. 7월 24일 정미칠조약을 체결하고 보안법과 신문지법을 제정한 데 이어, 7월 31일에는 군대해산령을 내려 대한제국을 무력화시켰다.

이러한 상황에서 자강운동은 일제로부터 극심한 탄압을 받았다. 그동안 주로 합법적 형태로 전개되어오던 자강운동가들의 활동은 점차 위축되어 갔다. 그 과정에서 자강운동가들은 사회진화론 수용의 입장의 차이에 따라 두 조류로 분화되었다. 사회진화론의 두 요소, 즉 진화와 경쟁 중 진화의 측면을 중시하는 근대문명지상주의적 입장과 경쟁의 측면을 중시하는 입장으로 나뉘어졌다. 전자는 독립국가를 건설하기 위해서는 실력양성이 우선이고 실력을 양성하기 위해서는 문명국, 즉 일본의 도움이라도 받아야 한다고 주장하면서 민족국가 건설의 방도로 선실력양성론을 내세웠고, 후자는 자력에 의한 독립을 주장하면서 실력양성도 중요하지만 독립이 선차적이라는 독립우선론을 내세웠다. 선실력양성론을 주장한 자들은 헌정연구회·대한협회 등의 학회, 천도교계, 『황성신문』계열, 서북 지방의 신흥상공인들로 구성된 신민회 내의 온건파 등이었으며, 독립우선론을 내세운 이들은 『대한매일신보』의 양기탁·신채호·상동청년학원의 전덕기·이동녕·이회영, 무관 출신의 이동휘 등 주로 신민회 내의 급진파 계열이었다.

    선실력양성론자들은 일본의 보호정치를 한국의 문명개화를 위한 선진 문명국의 지도로 보고, 만약 한국이 부강해지면 일본은 스스로 물러갈 것이라 믿으면서, 한국은 아직 독립할 수 있는 실력을 갖추지 못하였기 때문에 일본의 지도하에 먼저 실력을 기른 후 독립해야 한다고 주장하였다. 그리고 국권침탈의 원인을 제국주의의 침략성보다는 실력 부족에서 찾고, 국권회복의 방법으로 합법적 범위 내에서의 교육과 식산흥업, 조국정신과 국가사상 고취 등을 제시하였다.

    이에 비해 독립우선론자들은 일본에 의한 한국 보호국화를 병탄으로 인식하고 통감정치를 정복자의 정치라고 비판하였다. 이들은 일본의 한국병합 방침이 확실해진 1910년에 이르러 국내에서의 실력양성에 의한 독립을 포기하고, 국외에 독립운동근거지를 마련하여 무장투쟁을 전개할 것을 계획하였다. 이들은 '독립전쟁전략'을 채택하고 중국으로 망명하여 국외에 독립군기지를 창건하기로 결정하였는데, 자세한 것은 중국 칭다오靑島에서 상의하기로 하였다.

신채호는 독립우선론의 입장에서 실력양성 그 자체를 목적으로 삼는 것에 반대하였다. 즉 교육 보급을 위해 학교를 설립하고, 산업을 발달시키며, 단체를 조직하고, 사회개량을 위해 구습을 타파하는 것은 목적지에 도달하는 방법일 뿐이지 목적지 그 자체는 아니라는 것이다. 그러면서 독립국가 건설이 최우선임을 다음과 같이 강조하였다.

독립을 조성하는 데는 실력 한 가지가 크게 긴요하다 함은 가하거니와, 실력이 독립을 조성함은 불가한지라. 생각하여 볼지어다. 자고로 독립을 조성한 자가 과연 모두 실력의 넉넉함만 의뢰한 연후에 성취하였는가. …… 부강이 독립보다 먼저 되지 아님을 알지니라. …… 그런즉 실력의 넉넉함만 주론함은 실로 불가하니, 실력과 용력을 함께 양성하여 두 가지를 함께 합함이 가하니. 이것이 곧 우리의 겸비한 실력의 주의다.

그에 따르면, 독립을 달성하는 데 실력이 주요한 역할을 하는 것은 사실이지만, 실력이 곧 독립을 가져올 수는 없다는 것이다. 즉 실력이 독립의 하나의 커다란 요소는 될 수 있다 할지라도 부강 여부가 독립의 전제는 될 수 없으며, 오히려 독립이 부강의 전제가 된다는 것으로써, 실력양성에 앞서 먼저 독립을 위해 노력해야 한다는 것이다.

헤이그특사 사건에 이은 고종 퇴위·정미조약 체결·군대 해산 등 사실상의 망국사태가 도래하면서 자주적 근대화의 길이 막히자, 그동안 각종 논설을 통해 친일매국노들의 반민족행위를 통렬하게 비판하면서 국민들의 애국심을 고취하던 신채호는 독립운동을 이끌어갈 지도이념의 필요성을 절감하고, 제국주의의 침략에 대응하기 위한 반제국주의적 사고체계를 정립하였다. 일본 제국주의의 노골적인 침략에 맞서서 '국가주의'와 '민족주의'를 제창한 것이다.

신채호는 먼저 애국을 강조하였다. 그는 애국자가 없으면 현재 아무리 강성하고 인구가 많으며 토지가 많더라도 그 나라는 망할 수밖에 없다고 하였다. 그리고 국민 각자가 용기와 희망을 가져야만 국권을 수호하고 부국강병할 수 있음을 역설하였으며, 국민들에게 용기와 희망을 불어넣어 주면서 국가를 이끌어나가는 자를 영웅으로 보았다. 그는 영웅이 있어 국민을 이끌어야만 나라가 존재할 수 있다고 주장하였다. 즉 당시 열국경쟁의 상황에서 망해가는 나라를 구하고 자주독립을 이룩할 수 있는 자는 영웅이라고 인식하였던 것이다. 이러한 인식 위에서 신채호는 영웅의 출현을 갈구하였다. 그는 영웅은 세계를 창조한 성신^{聖神}이며, 세계는 영웅의 활동무대인바, 지식이 만인을 뛰어넘고 기개가 일세를 덮어 만인이 칭송하고 우러러보는 인물이야말로 영웅이라 할 수 있다고 하였다. 그리고 이러한 영웅만이 세계와 교섭하고 세계와 분투하여 독립을 쟁취할 수 있다고 하였다. 즉 그 나라에 세계와 교섭할 영웅이 있어야 세계와 분투할 것인바, 영웅이 없이는 그 나라가 있을 수 없다는 것이다.

신채호는 국가와 황실, 국가와 정부를 구분하고, 군왕에 대한 충성의 논리에서 벗어나 국國에 대한 충忠으로 충의 범위를 확장하고, 국가에 대한 충이야말로 '진정한 충'이라고 역설하면서 군주보다 국가를 우선시하는 국가주의를 제창하였다. 일반 백성에게도 국가에 대해 책임이 있음을 강조하면서 인민의 국가정신을 고취할 것을 역설하였다. 즉 인민들이 황실 혹은 정부를 국가로 인식하면서 국가에 대해 책임을 지지 않으려고 하는 한, 그 국가는 발달할 수 없다고 하였다. 그리고 인민들이 가족적 관념에 매몰되어 있는 것을 비판하면서 가족적 관념에서 벗어나 국가의 관점을 취해야 한다고 역설하였다.

신채호가 군주와 국가를 분리할 수 있었던 것은 그 근저에 인민을 국가의 중심으로 보는 입장을 가지고 있었기 때문이다. 이러한 관점에 기반하여 그는 군주나 소수 귀족의 사적재산私産으로서의 국가와 인민의 공적재산公産으로서의 국가를 구별하고, 인민이 주권을 가진 국가만이 진정한 국가임을 강조하는 데까지 나아갔다. 그리하여 신채호는 영웅주의적 국가관에서 벗어나 인민주권의 공화제에 도달하였다. 그의 영웅주의적 국가관 극복은 민족에 대한 이해가 심화되면서 이루어지기 시작하였던 것으로 보인다. 그는 「독사신론」에서 국가를 '민족정신으로 구성된 유기체'로 규정하는 등 국가 흥망의 책임은 한두 명의 영웅이 아니라 민족 전체에 있는 것으로 인식하였다.

이러한 인식을 바탕으로 그는 민족주의를 제창하였다. 즉 오늘날 약육강식의 정세 속에서 국맥을 보유하기 위해서는 민족주의를 널리 퍼뜨려 낡은 사상을 혁파하고, 국가관념으로 청년의 정신을 새롭게 해야 한다고 역설하였다. 그는 민족주의를 '타민족의 간섭을 받지 않는 주의'로 규정한 뒤, 제국주의에 저항하는 방법은 민족주의를 분휘奮揮하는 것이라고 하면서, 민족을 보전하고자 하는 자는 마땅히 민족주의를 취해야 한다고 강조하였다.

신채호가 반제국주의적 사고체계로서 민족주의를 제창하게 된 데는 사회주의 영향도 상당 부분 있었다. 즉 그는 황성신문사 재직 시 일본 아나키스트 고토쿠 슈스이幸德秋水의 『장광설長廣舌』을 통해 사회주의사상을 접하고, 사회주의의 반제국주의적 측면을 수용하였다. 『장광설』은 1902년 고토쿠 슈스이가 아나키스트로 전환하기 전에 저술한 책으로서 사회주의를 소개하고 있다. 신채호는 제국주의를 고토쿠 슈스이의 표현에 따라 '영토와 국권을 확장하는 주의'로 규정하였으며, 『장광설』의 '암살론'에 공명하여 암살을 민족해방운동의 주요한 방도의 하나로 규정하였다.

고토쿠 슈스이[幸德秋水]

민족주의로 인민의 완몽頑蒙을 깨우치기 위해서는 그들을 묶어세울 구심점이 있어야 했고, 신채호는 그것을 국혼國魂 내지 국수國粹로 보았다. 그는 전래하는 풍속·습관·제도 등의 정신을 국수로 보고, 그것이 존재해야만 거기에 근거해서 국민의 애국심을 환기하고 국가를 유지할 수 있다고 하면서, 국수를 보전하는 데 주력할 것을 역설하였다.

신채호는 민족주의를 제창하면서 동양주의와 세계주의를 비판하였다. 19세기 중엽에 문호를 개방하고 메이지유신을 단행하여 근대화에 성공한 일본은 서구 제국주의국가들의 침략으로부터 아시아가 해방되어야 한다는 미명하에 아시아연대론을 제창하였는데, 이는 19세기 이래 계속된 구미 열강의 압력으로부터 아시아를 해방하고, 나아가서 동양의 평화와 질서를 아시아인 스스로가 확립하며, 동아시아 민족들이 누릴 수 있는 공영의 생활권을 설정하고 운영하기 위해 동아시아의 이웃 국가는 서로 긴밀한 연대관계를 이루어야 한다는 것이었다. 하지만 일본이 제창한 아시아연대론은 일본의 동아시아침략을 정당화하는 논리에 불과했다.

20세기 초 일본에 망명해 있던 일부 개화파와 일본유학생을 중심으로 한 한국의 지식인들은 국가의 독립을 주장하기보다는 일제의 침략논리를 아시아연대론, 동양삼국공영론, 동아시아 삼국제휴론 등의 형태로 무비판적으로 수용하고 있었다. 이러한 사고는 1890년대 『독립신문』에서 체계적으로 나타나기 시작하여, 러일전쟁기까지 이어졌다. 일부의 세력은 자강운동기에도 이러한 사고를 견지하고 있었다.

이에 신채호는 아시아연대론 등 일제의 침략논리를 동양주의로 규정한 뒤, "동양 제국이 한 데로 단결하여 서양의 세력이 동으로 번져 오는 것을 막는다"는 주장의 허구성을 지적하고, 그것을 제창하는 자들의 매국행위와 국혼을 저해하는 행위를 비판하였다. 신채호에게는 황인종과 백인종 간의 경쟁은 한국인이 당장 걱정해야 할 바가 아니며, 국가를 공고게 하고 민족을 보전하는 문제가 한국 사람이 걱정해야 할 바였다. 황·백인종의 문제는 한국이 독립이 되고 자유를 얻은 연후에 해도 늦지 않은 것이었다. 자기나라도 지키지 못하면서 어찌 박애를 논하며 세계를 돌아볼 수 있겠느냐며, 가족주의가 진보되어 국가주의로 나아갈지언정 국가주의를 넘어 세계주의에 미치지 말 것이며, 크로포트킨P. A. Kropotkin의 상호부조론보다 다윈C. R. Darwin의 생존경쟁론을 더 수입해야 한다고 주장하였다. 생존경쟁론은 약육강식과 적자생존 등 생존경쟁에 의해 생물 및 인류사회가 진화·발전해왔다는 다윈의 주장이다. 이에 반해 상호부조론은 크로포트킨이 제창한 학설로, 인류사회는 생존경쟁에 의해서 뿐 아니라 상호부조에 의해서도 진화한다는 주장이다.

크로포트킨(P. A. Kropotkin)

신채호는 민족주의를 제창하면서 세계주의를 비판하였지만, 외국 문화를 수용하는 것 그 자체를 부정하지는 않았다. 단, 외국 문화를 수용할 때는 주체적 입장을 견지하여 동등한 입장에서 모방

다윈(C. R. Darwin)

해야 한다고 주장했다. 즉 외국 문화를 수용할 때는 외국 문물의 장점을 수용하여 우리의 부족한 점을 메우는 주체적 입장을 취해야지, 물불을 가리지 않고 무조건 수용하는 노예적 입장은 버려야 한다는 것이다.

민족주의운동을 전개하다

한국 지식인들이 자주적 근대화를 달성하기 위해 자강운동을 전개했지만, 일제의 침략으로부터 나라를 지켜내기에는 역부족이었다. 나라가 망할 위기가 목전의 일로 닥치자 신민회 간부들은 비밀회의를 거듭하여 국외에 독립운동기지를 건설하고 무관학교를 설립하는 문제, 서·북간도와 연해주에 한민족을 집단적으로 대이주시킬 계획 등에 대해 계속 논의하였다.

신민회가 국외에 무관학교를 설립하고 독립군기지를 창건하는 것에 대해 본격적으로 논의하기 시작한 것은 의병전쟁이 퇴조기에 들어간 1909년 봄부터였다. 신민회는 총감독 양기탁의 집에서 전국 간부회의를 열고, 국외에 적당한 후보지를 골라 무관학교를 세우고 독립군기지를 설치하여 독립군을 양성하기로 결정하였다. 1909년 10월 안중근의 이토 히로부미 암살로 곤욕을 치른 신민회 간부들은 1910년 2월에 석방되자, 이갑의 사랑방에 모여 밀담을 거듭하였고, 1910년 3월 긴급간부회의를 개최하여 '독립전쟁전략'을 채택하였다. 이들은 국외에 무관학교를 설립하고 독립군기지를 창건하기로 결정한 뒤, 1910년 4월에 중국 칭다오에서 확대회의를 개최하기로 하였다. 이때 결정된 내용의 골자는 일제의 통치력이 미치지 않는 만주 일대에 독립군기지를 설치한다는 것, 토지를 구입하여 신한민촌新韓民村을 건설한다는 것, 신한민촌에는 민단民團을 조직하고 무관학교를 설립하여 사관士官을 양성한다는 것, 독립군 사관과 이주 애국 청년들을 중심으로 독립군을 창건한다는 것, 강력한 독립군이 양성되면 최적의 기회를 포착하여 독립전쟁을 일으켜 국내에 진입한다는 것 등이다.

한말 각종 논설을 통해 일제 침략의 불법성과 친일파들의 매국행위를 규탄하면서 독립우선론을 주장하던 신채호도 신민회의 결정에 따라 해외로 망명하기로 하였다. 만주나 연해주에 독립운동기지를 건설하고, 그것을 근거로 독립운동을 전개하기 위해서였다. 신채호는 망명을 준비하면서 신변을 정리하였다. 열여섯 살에 결혼한 이후 정붙이지 못한 채 부부의 연만 이어 오던 부인 조씨와 사실상 이혼하였다. 그녀에게 논 다섯 마지기를 마련해 주고 친정으로 돌려보냈다. 그리고 1910년 4월 8일 안정복의 『동사강목』을 품에 안고 안창호·이갑·이종호·유동열·김희선·조성환·김지간金志侃·이종만李鍾萬(이종호 동생)·정남수鄭南秀(정영도鄭英道) 등과 함께 칭다오 확대회의에 참가하기 위해 망명길에 올랐다. 정남수의 안내로 행주나루터를 거쳐 강화도로 향하던 신채호 일행은 배가 교동喬桐에 닿자 길을 나누었다. 안창호와 정남수는 배로 중국으로 향하고, 뱃멀미에 시달린 신채호는 김지간과 함께 배에서 내려 기차로 가기로 하였다. 신채호는 정주에서 일단 내려서 오산학교에 들렀다. 거기서 20여 일을 머무는 동안 꼿꼿이 서서 세수하는 등의 일화를 남겼다. 남에게 머리 숙이는 것이 싫어 꼿꼿이 선 상태로 세수하는 신채호의 모습을 이광수는 다음과 같이 전하고 있다.

> 내가 신단재申丹齋를 처음 만난 것은 정주定州 오산학교에서다. 때는 경술년 당시 나는 오산학교에 교사로 있었고, 단재는 안도산安島山 선생 일행

『동사각목』

과 함께 조선을 탈출하는 도중에 오산에 들른 것이었다.
……

단재는 세수할 때에 고개를 숙이지 않고 빳빳이 든 채로 두 손으로 물을 찍어다가 바르는 버릇이 있었다. 그래서는 마룻바닥과 자기 저저고리(저고리의 오자-인용자) 소매와 바짓가랑이를 온통 물투성이를 만들었다.

우리는 단재 세수하는 것을 큰 구경거리로 여겼다. 한 번 단재가 세수하는 것을 보고 시당時堂이 "에익 으응. 그게 무슨 세수하는 법이람. 고개를 좀 숙이면 방바닥과 옷을 안 질르지"하고 쯧쯧 혀를 차는 것을 보고, 단재는 여전히 고개를 빳빳이 하고 두 손으로 물을 찍어다가 낯에 발라서 두 소매 속으로 물이 질질 흘러 들어갔다. "그러면 어때요?"하고 단재는 오산 있는 동안에는 그 세수하는 법을 고치지 아니하였다. 단재는 결코 뉘 말을 들어서 제 소신을 고치는 인물은 아니었다. 남의 사정私情을 보아서 남의 감정을 꺼려서 저 하고 싶은 일을 아니하는 인물은 아니었다.

신채호는 김지간과 함께 안동安東현에서 기선을 타고 옌타이煙臺를 거쳐 칭다오에 도착하였다. 칭다오에 모인 신민회 간부들은 안창호·이갑·유동열·신채호·김희선·김지간·이종만·이종호·이강·정남수 등이 참석한 가운데 회의를 개최하여, 독립군기지 창건에 대한 구체적 실행책에 대해 논의하였다. 처음에는 칭다오에서 신문과 잡지를 경영하자는 의견이 우세하였으나, 그곳 독일 총독이 정치적 신문이나 잡지 발행을 허가하지 않는 바람에 신한민촌과 무관학교를 건설하는 것에 주력하기로 하였다. 그리고 중국 지린吉林성 미산密山부에 사관학교를 먼저 설립하기로 결의하고, 이갑·김희선·김지간·유동열·신채호 등을 교원으로 임명하였다.

신채호는 칭다오 회의 결정에 따라 다른 사람들과 함께 영국 기선을 타고 1910년 여름에 블라디보스토크로 향했다. 그곳에 도착한 그들은 즉시 칭다오 회의의 결의를 실천에 옮기기 위하여 김지간과 김희선을 미산부로 보내어 미국인 토지회사가 방매하려 하는 토지를 현지 시찰케 하는 한편, 나머지는 블라디보스토크에 거주하는 동포들에게 연설, 좌담 등을 통하여 계몽과 애국정신 고무에 힘썼다.

하지만 8월 말 국내로부터 일제에 의해 나라가 병합되었다는 나쁜 소식이 들려왔다. 이에 간도間島의 교포를 토대로 당장 독립군을 조직하여 국내에 진공하자는 주장이 제기되었다. 안창호와 이갑 등은 시간이 걸리더라도 예정대로 독립군기지로서의 신한민촌과 무관학교를 건설하자고 주장하였으나, 자금줄을 쥐고 있던 이종호가 즉각적으로 독립군을 조직하자는 유동열·김희선 등의 안을 지지하는 바람에 독립군기지로서 신한민촌과 무관학교를 설립한다는 계획은 좌절되었다. 독립군을 조직한다는 계획도 독립군을 조직하러 만주를 거쳐 옌타이로 간 유동열·김희선 등이 일본 관헌에게 체포되는 바람에 결국 실패하였다.

　신채호가 해외로 망명한 것은 나라는 비록 망하더라도 민족은 망하지 않는다는 믿음이 있었기 때문이다. 즉 그는 한국이 힘이 약하여 일본의 식민지가 된다고 하더라도 한국인들은 일본의 식민지배를 용인하지 않을 것이라고 믿었다. 그것은 한국인은 마음속으로는 일본을 무시하면서 한국을 지배하는 일본에 대항하고자 하는 마음만 가질 뿐, 일본에 굴종할 뜻은 가지고 있지 않다고 보았기 때문이다. 이러한 인식에 따라 그는 일제의 통치권력이 직접 미치지 않는 해외에 독립운동기지를 건설하고, 그를 근거로 독립운동을 전개하여, 국내 민중들의 적극적인 호응을 이끌어내 독립을 쟁취하고자 한 것이다.

　당시 연해주에는 한인집단거주지가 형성되어 있었다. 함경도 주민들은 1870년대부터 조선 봉건지배세력의 수탈과 자연재해 등으로 간도 지역이나 연해주 지역으로 이주하기 시작했다. 그리하여 연해주에 거주하는 한인들의 수는 1886년 400명, 1891년 840여 명에 이르렀다. 이에 블라디보스토크시 당국은 1893년에 한인들의 집단거주지역을 설정하였다. 하지만 '한인촌' 혹은 '개척리'라 불리던 이 지역은 페스트 창궐로 인해 1911년에 강제 철거되었고, 여기에 거주하던 한인들은 블라디보스토크 서북쪽 외곽으로 이주하였다. 한인들은 이곳을 개척하여 새로운 한국을 부흥시킨다는 의미로 '신한촌'이라 명명하였다. 1911년 5월 31일 현재 겨우 50호 정도 신축가옥이 들어섰고, 8월 현재 313호가 거주하였다. 그 해 초여름까지 이곳으로 이주한 한인은 1,500명 정도였고, 그 뒤 1915년에는 신한촌의 한인수는 약 1만 명에 달하였다.

신한촌이 형성되자 항일민족지사들이 이곳으로 집결하였다. 이범윤李範允·홍범도洪範圖·유인석柳麟錫·이진룡李鎭龍 등의 의병장을 필두로 하여, 이상설·이위종·이동녕·정순만鄭淳萬·정재관鄭在寬·이강·김성무金成茂 등이 이곳에 일차 집결하였고, 안창호·이종호·이갑·조성환·유동열·박은식·신채호·이동휘·백순 등도 합류하였다. 이곳에 모인 항일민족운동가들은 이곳 한인사회의 지도급 인물들인 최재형·최봉준·문창범·김학만 등과 협력해 1910년대 국내외 독립운동을 주도하였다.

독립군기지 건설 시도가 좌절된 뒤, 신채호는 연해주에 체류하면서 민족주의에 입각한 민족해방운동을 전개했다. 우선 민족해방운동 단체 조직에 참여하였다. 즉 1911년 초 블라디보스토크에서 윤세복·이동휘·이갑 등과 함께 광복회를 조직하여 부회장으로 활동하였다. 신채호는 광복회의 「고시告示」를 작성하였는데, 국내의 광복회 조직들은 신채호가 작성한 「고시」를 원안으로 하여 부호들에게 자금모집에 협조할 것을 요구하는 내용의 「고시」를 작성하여 배포하였다.

하지만 신채호가 연해주에서 전개한 민족해방운동은 주로 언론활동이었다. 즉 『대양보大洋報』와 『권업신문』의 주필로서 배일기사를 게재하면서 연해주에 거주하던 한국인들에게 민족의식을 고취하는 등 언론활동을 통해서 민족해방운동에 종사하였던 것이다. 『대양보』(편집인 겸 발행인 유진률)를 발행한 것은 청년근업회인데, 청년근업회는 『대양보』 창간을 준비하면서 신채호를 주필로 초빙하였다. 『대양보』는 1911년 6월 14일에 창간될 예정이었으나, 신문 발행에 관계하던 백원보가 경찰에 구류당하는 바람에 연기되어 6월 18일에 창간호가 발행되었다. 『대

『권업신문』 1912년 8월 16일자에 실린 논설 「이날」

양보』 창간호는 사설, 내국 전보, 외국 전보, 각국 통신, 최근 시사, 논설, 잡보, 만필, 대한통신 등의 난을 두어 기사를 게재했다. 권업회의 설립을 알리는 기사와, 국가는 인민, 토지, 정부로 이루어진다고 주장하는 내용의 기사도 있었다. 최재형이 보내온 창간 축전도 게재되었다.

『대양보』 창간을 전후하여 권업회를 결성하고자 하는 움직임이 있었다. 신채호는 권업회 결성에도 참가하였다. 권업회는 이종호, 김익용金翼瑢, 강택희姜宅熙, 엄인섭嚴仁燮 등의 발기로 1911년 5월 19일에 47명이 참가한 가운데 개최된 모임에서 그 결성이 결정되었으며, 주지는 농상공업 및 청년교육사업 장려였다. 1911년 6월 1일에 조창호 집에서 창립총회를 개최하였다. 권업회는 조국독립을 위한 계몽활동과 민족주의 교육, 농상공업 등 실업 권장을 통해 한인사회의 정치적 지위 향상을 도모하면서 독립전쟁론을 실현하는 것을 최고이념으로 삼았다.

권업회는 창립총회에서 임원을 선출하고 사무소를 조창호 집에 두기로 결정하였다. 선출된 임원은 회장 최재형, 부회장 홍범도, 총무 김익용, 서기 조창호 등이었다. 신채호는 평의원(의사원)에 선임되었다. 권업회는 7월 16일 청년근업회와 통합하였다. 통합된 권업회는 회장에 최재형, 총무에 김익용, 서기에 이근용 등을 선출하고 신문부를 설치하였는데, 그 부원은 이종호와 유진률이었다. 권업회는 7월 23일 청년근업회의 재정을 인수하고, 7월 27일부터 대양보사를 신한촌으로 옮기기 위하여 가옥 수리에 착수하였으며, 8월 8일에 대양보사 이전을 완료하였다. 1911년 11월 23일에 회 결성에 대한 인가가 났으며, 12월 19일에 창립총회를 개최하였다. 의장에 이상설, 부의장에 이종호, 총무에 김익용이 선출되었으며, 신채호는 신문부장에 선임되었고 주필도 겸하였다. 청년근업회와 통합한 권업회는 자체적으로 작성한 「권업회 연혁」에서 1911년 6월 1일에 개최된 총회를 발기총회로, 12월 19일에 개최된 총회를 정식 창립총회로 규정하였다. 신채호는 권업회의 회기 제작에도 관여하였다. 즉 1912년 2월 6일 권업회 사무소에서 이상설, 이종호, 홍범도, 엄인섭 등과 회합하여 회기 도안에 대해 협의하였다.

『대양보』에 게재된 논설의 제목은 「본지 창간에 부쳐 재노령 동포에게 고한다」(창간호), 「삼가 총독 각하에게 감사한다」(3호, 1911. 7. 2), 「우리와 외국어」(4호, 1911. 7. 9), 「권업회에 대하여」(5호, 1911. 7. 18), 「블라디보스토크의 청년에게 고한다」(6호, 1911. 7. 23), 「한민학교 생도의 부형에게 고한다」(8호, 1911. 8. 27), 「아동 양육자에게 고한다」(10호, 1911. 9. 3), 「재노령의 풍장風長에게 드린다」(11호, 1911. 9. 7), 「눈」(12호, 1911. 9. 10), 「청년 노동자에게 바란다」(13호, 1911. 9. 14) 등이다. 7호(1911. 7. 30)에는 논설 대신에 별보 「오쿠마 시게노부大隈重信가 만주에 오다」를 게재하였으며, 9호(국치 1주년 기념호, 1911. 8. 29) 논설에서는 가족이나 자신의 영리만을 탐하고 나라를 위해 원수를 갚으려고 하지 않는 자는 무슨 일을 하더라도 모두 소용없는 일이 되고 말 것이며, 금은보화를 산처럼 쌓아 놓고 있더라도 압제와 학대 하에서는 살아도 사는 것이 아니라면서, 국가를 위해 하다보면 통분할 망국일을 보내고 환희의 독립일을 맞이하는 날이 올 것이라는 것을 강조하였다. 『대양보』 논설의 대부분은 신채호가 작성한 것으로 보아도 무방할 것이다.

『대양보』는 1911년 7월 16일 청년근업회와 권업회발기회가 권업회로 통합되면서 권업회의 기관지로 기능하였다. 『대양보』 5호 논설의 제목이 「권업회에 대하여」인 것으로 보아 5호부터 권업회의 기관지로 기능하였던 것으로 보인다. 신채호는 「권업회에 대하여」에서 재노령 민족해방운동 세력의 분열을 비판하고, 이러한 상황에서 실립된 권업회가 동포의 장래에 복락을 부여하기를 희망하였다. 그리고 권업회가 교육·실업 발달을 이루고 민지인심民智人心 개발에 도움이 될 수 있다면 후일 대한독립사 상에서 특필할만한 공신이 될 것이라면서, 회원들은 순연한 애국심으로 사업을 추진하고, 동포들도 그 사업에 찬조하기를 바라마지 않는다고 하였다.

하지만 『대양보』는 7월 30일 7호가 발행된 이후 신문발행 주도권을 둘러싸고 유진률과 이종호 사이에 갈등이 생겨 휴간되기에 이르렀다. 그 후 『대양보』가 속간되었지만 13호가 발간된 이후 다시 발행인 유진률과 이종호 사이에 의견대립이 발생하였다. 『대양보』 13호에 게재된 유진률의 글의 논조가 너무 과격하다 하여 이종호가 문제제기를 한 것이었다. 이종호와 유진률 간의 갈등은 유진률의 사퇴로 이어졌다. 거기에다가 권업회 발기에 참가했던 일제의 밀정 엄인섭이 일제의 사주로 활자를 훔쳐내는 사건까지 일어났다. 이로 인해 『대양보』는 1911년 9월 17일에 정간되었으며, 결국 속간되지 못하였다.

이종호와 유진률의 갈등으로 『대양보』가 휴간되자, 신채호는 자신의 거취 문제를 고민하기 시작했다. 『대양보』가 발행되기 전부터 미국행을 종용했던 안창호는 신채호에게 미국으로 건너올 것을 더욱 채근하였다. 하와이의 신한국보사는 신채호를 주필에 선임하기까지 했다. 하와이에

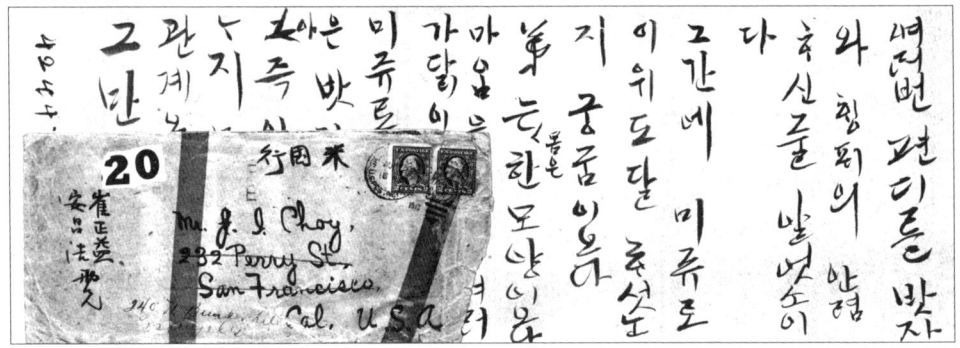

신채호가 안창호에게 보낸 편지(1911)

서는 1912년 7월에도 신채호를 수차례 초빙하고자 하였으나 이갑은 그의 미국행을 신중하게 진행할 것을 주장하였다. 이갑은 1911년 10월 21일 안창호에게 보낸 편지에서 신채호의 도미는 아직 이른 듯 하다면서, 『대양보』가 정간되기는 했지만 완전히 정리되지 않았으므로, 다소의 시일이 지난 뒤에 거취를 정하는 것이 좋겠다고 하였다.

　미국으로 갈 생각이 전혀 없었던 신채호는 국내나 상하이 등지로 이동할 생각을 하면서 여러 방면의 동정을 살폈다. 백원보는 1911년 9월 1일 안창호에게 보낸 편지에서 신채호가 국내로 돌아가고자 하는 생각을 가지고 있다고 하였으며, 11월 21일에 보낸 편지에서는 신채호가 상하이 등지로 떠나기로 결정한 것으로 전하고 있다. 신채호가 1911년 11월경 공부한다는 명목으로 상하이나 국내로 가고자 했으나 경비가 없어 떠나지 못하고 있었는데, 이갑은 이러한 신채호의 행동에 대해 못마땅한 심사를 내비쳤다. 결국 신채호는 이종호의 만류로 블라디보스토크에 계속 머물렀다. 이종호는 권업회에서 『대양보』를 대신하는 신문을 발간하게 되면 신채호에게 그 일을 맡기고자 하였던 것이다.

온갖 노력 끝에 『대양보』는 『권업신문』으로 이름이 변경되어 1912년 5월 5일에 창간호가 발행되었다. 신채호는 『권업신문』이 창간되자 주필로서 활동하였다. 그 해 9월 22일까지 『권업신문』의 논설에는 「청년 동포에게 바라는 바」(4호), 「한 가지씩 할 일」(7호), 「국수주의와 해외 동포」(8호), 「강동 동포의 공익사상」(9호), 「동포 사이의 사랑」(13호), 「일인의 간사한 수단」(16호), 「치밀한 생각＝영원한 생각」(17호), 「이날」(18호), 「우리 동포는 경제능력이 어찌 이리 박약한가」(19호), 「태황제 만수절」(20호), 「남의 부형된 자의 생각할 일」(21호), 「공과 사를 잘 분간하여야 할 일」(22호) 등의 글이 게재되었다.

「청년 동포에게 바라는 바」에서는 사업을 이루기 위해서는 터럭같이 가는 마음이 있어야 하고, 공명을 세우기 위해서는 두더쥐 같이 파는 성질이 있어야 한다고 하였다. 이어서 나라를 사랑하자 동포를 구하자 하지만 그 행동이 추하고 거칠기만 하여서 나라와 동포에게 이익을 주지 못하고 해만 끼칠 뿐이라고 하면서, 이를 극복하기 위해서는 몸을 닦고 마음을 기르는 공부를 해야 한다고 주장했다. 그리고 우리나라가 쇠망한 가장 큰 원인은 국민품성이 타락한 것이며, 품성이 타락한 원인은 국민을 지도하여 잘 수행케 하는 선생이 없는 것이라 하였다.

「한 가지씩 할 일」에서는 많은 사람들이 각 방면의 사업에서 동시에 영웅이 되려 하여 한 가지도 제대로 하지 못함을 탄식하였다. 「국수주의와 해외 동포」에서는 나라가 있는 민족이라도 국수주의가 없으면 망하고, 나라가 없는 민족이라도 국수주의가 있으면 흥한다는 것은 동서양의 진리인데, 우리 한국은 수백 년 전부터 국수를 파괴하고 쇠패한 결과 결국 망하고 말았다고 하면서, 일제의 핍박을 덜 받는 해외동포들이 앞장서서 국수주의를 발휘해야 한다고 역설하였다. 신채호는 이 글에서 국수를 내 나라의 말과 글, 내 나라의 역사, 내 나라의 아름다운 풍속과 습관으로 정의하였다.

「강동 동포의 공익사상」에서는 공익에 쓰는 돈은 우리 동포가 피말리고 땀흘리며 모아 내놓은 돈으로 낭비하지 말고 잘 활용해야 할 것이라고 하면서, 우리 동포의 이 아름다운 사상을 북돋우고 기르기 위해서는, 일반 유지는 마음을 맹세하며 몸을 채찍질하여 이 사상을 진흥케 할 신용을 닦아야 하고, 각 처 동포는 견문을 늘리며 지식을 확장하여 이 사상을 활용할 능력을 길러야 할 것이라고 강조하였다.

「동포 사이의 사랑」에서는 내 일신의 안위만 알고 내 나라 내 민족은 나 몰라라 하는 악습 때문에 나라가 망하였음에도 이를 반성하지 않고 각 파벌의 이해만을 쫓는 바람에 단체가 해산되는 일이 비일비재한 것을 지적한 뒤, 동포를 사랑하지 않고서는 우리가 바라는 바를 이룰 수 없을 것이라고 주장하면서, 권업회 내부의 파벌투쟁을 우회적으로 비판하였다.

「일인의 간사한 수단」에서는 일제의 고문제도를 신랄하게 폭로·비판하였으며, 「치밀한 생각=영원한 생각」에서는 치밀하고 영원한 생각이라야 성공할 수 있다고 주장했다. 「이날」에서는 국치일을 당하여 느낀 소감을 적었으며, 「우리 동포는 경제능력이 어찌 이리 박약한가」에서는 제국주의 국가들의 경쟁이 경제적 이해를 추구하는 데서 비롯되는 것임에도 우리 동포는 경제적 능력이 매우 박약함을 애석해 하면서, 경제적 능력을 함양하기 위해서는 근검과 저축에 힘쓰고 지식과 능력을 길러야 한다고 주장하였다.

「태황제 만수절」에서는 고종의 61회 생일을 맞이하여 느낀 소감을 적었으며, 「남의 부형된 자의 생각할 일」에서는 자제의 표본은 항상 그 부형에게 있는바, 남의 부형된 자는 행실에 조심해야 하며, 그래야만 현재의 사회를 개량할 수 있음을 피력하였다.

이들 논설 중 「국수주의와 해외 동포」, 「동포 사이의 사랑」, 「이날」, 「공과 사를 잘 분간하여야 할 일」 등을 비롯한 상당수는 신채호가 작성한 것이 확실하다. 그리고 신채호는 『권업신문』 창간호부터 27호(1912년 10월 27일)까지 「중국혁명약사」를 게재하여 중국혁명의 전개과정을 소개하였다.

신채호는 일제가 노령露領에 거주하는 한국인 중 배일사상을 고무·장려하는 자로서, 이상설·이범윤·류인석·이종호·이갑·이강 등 27명과 함께 그를 엄히 취체·감시해야 할 대상으로 선정할 정도로 언론을 통해 민족해방운동을 활발하게 전개하였다. 하지만 연해주沿海州 민족해방운동 세력들의 파벌싸움으로 권업회가 내분에 휩싸이자, 이에 실망하여 상하이로 옮기고자 하였으나 『권업신문』 때문에 차마 떠나지 못하였다. 백원보는 1912년 9월 23일 안창호에게 보낸 편지에서 신채호는 상하이로 옮기고자 하나, 『권입신문』이 발행되고 있는 상황에서 나몰라라 하고 냉정하게 떠날 수가 없어 블라디보스토크에 머물고 있다고 하였다.

어느 파벌에도 속하지 않고 독자성을 유지하던 신채호는 『권업신문』 22호(1912. 9. 22) 논설 「공과 사를 잘 분간하여야 할 일」에서 "우리 동포는 어서 분발하여 공의 공덕을 가져 분에는 공분만 있고 사분을 없으며, 싸움에는 공전만 있고 사전은 없어 멸망의 지옥을 벗을지어다"라고 하면서, 각 파벌이 자파의 이해관계를 쫓아 파벌투쟁을 하는 것을 비판하였다.

이때를 전후하여 신채호는 권업신문사를 그만 둔 것으로 보인다. 『권업신문』 23호(1912. 9. 29)와 25호(1912. 10. 13)에는 「권업회 각 지회에 고하노라」, 「애국당공판사건의 판결선고가 이와 같이 되었도다」 등이 논설란에 게재되었는데, 논설 제목으로는 적당하지 않은 것으로 보인다. 그리고 24호에는 논설 자체가 없고, 대신 별보 「고이준공의연금모집회 취지서」를 게재하고 있다. 이는 신채호가 주필을 그만둔 것에서 비롯된 것이 아닌가 여겨진다. 그의 권업신문사 사직 시기는 9월 하순 무렵이 아닌가 한다. 10월 말 이전에 신채호가 권업신문사를 그만둔 것은 확실해 보인다. 일제의 정보보고서는 1912년 11월 신채호가 신문사를 그만둔 상태임을 밝히고 있다. 권업회의 간부진을 신문부 총무 한형권, 주필 장두빈張斗彬(장도빈-인용자), 부원 박동원朴東轅·이근용李瑾鎔으로 파악하였다. 그리고 신채호도 1912년 11월 1일 안창호에게 보낸 편지에서 예전에 미국으로 오라는 부탁을 따르지 못하였는데, 지금도 자기 마음은 전과 다르지 않은바, 동서로 돌아다니는 것은 실로 원하는 바가 아니며, 단체사업도 열심히 하기 어려우며, 지금은 자금이 없어 한걸음도 움직이기 어렵지만, 만약 사정이 된다면 중국을 한 번 돌아보고 국내로

신채호가 안창호에게 보낸 편지(1912. 11. 1)

가서, 종교윤리서적을 손에 쥐고 2~3명의 친구와 함께 고향의 숲 속에서 거니는 것이 주야로 기도하는 바이며, 이것 외에는 원하는 바가 없다면서 신문사를 그만둔 이후의 심정을 밝혔다. 결국 1913년 초 그는 신규식의 초청으로 상하이로 갔다.

장도빈은 1912년 8월 6일 안창호에게 보낸 편지에서 "신채호 씨는 상하이로 갑니다"라고 하였는데, 신채호가 연해주 동포들의 파벌싸움에 염증을 느끼고 상하이로 가기로 결정한 것은 8월 6일 이전으로 보인다. 하지만 신채호는 주위 사정이 허락지 않아 9월 22일까지 출발하지 못하였다. 장도빈이 9월 22일 안창호에게 보낸 편지에 "신 박사는 근래 사세로 인해 이 항에 다시 머무르고 있다"고 밝히고 있다. 그리고 백원보가 1913년 1월 21일 안창호에게 보낸 편지에 의하면, 신채호는 1913년 1월 무렵까지 장, 황, 정, 제(백원보-인용자) 등과 함께 비밀회원을 다시 확장하려 하여 동지에서 6~7인을 입회시키는 등 백원보와 함께 조직활동을 전개하고 있었다. 결국 신채호가 블라디보스토크를 떠난 시기는 1913년 1월 이후인 것으로 추측된다. 그런데 신백우 연보에 의하면 신채호는 1912년에 펑텐奉天에서 신백우와 함께 대동청년단을 재조직하고 단장에 선임되었다. 이 사실들을 종합적으로 고려하면, 신채호는 1913년 1월 무렵에 블라디보스토크를 떠나 펑텐으로 간 것이 된다. 신채호가 북만北滿을 거쳐 상하이로 갔다는 정인보의 말은 이 사실을 뒷받침해 준다.

  신채호는 1913년 8월 19일 김용준과 함께 칭다오를 거쳐 상하이에 도착하였다. 신채호가 상하이로 간 것은 신규식의 초청에 의해서였다. 신채호는 신규식이 마련해 준 집에 기거하면서 정인보·문일평·조소앙·홍명희·이광수 등과 교류하는 한편, 동제사同濟社(별칭 재상해한인공제회)에 가입하여 신규식·박은식·김규식·홍명희·조소앙·문일평·박찬익·한진산·조성환·이광·민필호·민제호·신건식·중국인 농주農竹 등과 함께 중견 간부로 활동하였다. 동제사는 1912년 7월 4일 상하이에서 신규식과 박은식 등이 '동주공제同舟共濟'를 표방하면서 조직한 단체로, 회원은 300여 명에 달하였다. 동제사는 독립운동 활성화를 위해 청년교육에 주력하였는데, 그 일환으로 1913년 12월 17일 상하이 밍더리明德里에 박달학원을 설립하였다. 이 학원은 중국과 구미 지역 유학의 예비과정으로 특설되었는데, 신채호는 박은식·홍명희·문일평·조소앙 등

상해시절의 신채호(왼쪽부터 신채호·신석우·신규식)

과 중국인 농주 및 미국 화교 마오다오웨이毛大衛 등과 함께 교수로 활약하면서 재중국 동포 자녀들에게 독립의식을 고취했다. 그러다가 1914년 대종교 교주 윤세복의 초청으로 서간도 환런현桓仁縣 홍도천으로 갔다. 거기서 동창학교 국사교사로서 1년간 학생들을 가르치다가 1915년에 다시 베이징北京으로 갔다.

문필활동도 계속하여 1916년 3월 국가주의와 국수주의·영웅주의 등을 테마로 다룬 우화적 환상소설 『꿈하늘』을 저술하였다. 이 소설에서 신채호는 사회진화론적 입장에서 생존경쟁을 강조하면서 외교독립론과 실력양성론을 비판하고, 암살행위를 민족해방운동의 한 수단으로 설정하였다.

　1910년대 신채호의 민족해방운동은 민족주의에 의거하였는데, 그의 민족주의는 제국주의의 침략에 대항하고 조국의 독립을 지향하는 이념으로 제창된 것이었다. 하지만 그 사상적 기초는 사회진화론이었다. 힘이 지배하는 국제질서를 부정함으로써 한국의 독립을 추구한 것이 아니라, 힘에 의한 독립을 모색하였으며, 독립을 넘어 강자로서의 한국을 추구하였던 것이다. 그리하여 크로포트킨의 상호부조론보다 다윈의 생존경쟁설을 더 수입해야 한다고 주장하기도 하였다. 이러한 신채호의 사회진화론적 사고는 1917년 러시아혁명 이후에야 극복된다.

민족주의역사학을 개척하다 03

한국의 역사를 연구하다

한말 나라의 운명이 위기에 처한 상황에서 신채호는 『이태리 건국 삼걸전』(1907) 출판과 여러 분야에 걸친 논설과 사론 발표를 통하여 국민들의 애국심을 고취하고자 하였다. 그는 「국한문의 경중輕重」(『대한매일신보』 1908. 3. 22)에서 우리 민족은 삼국시대에는 전 인민이 애국심을 가지고 나라를 위해 노래하고 나라를 위해 죽었기 때문에 강대한 수·당의 침략을 물리치고 국위를 떨칠 수 있었지만, 고려 이후에는 민족의 자긍심이 사라지면서 원과 청의 침략에 굴복하고 노예적 삶을 살았다고 서술하였다. 신채호는 나라가 부강해지기 위해서는 국민들이 애국심을 가져야 한다고 강조하고, 애국심을 고취함으로써 쓰러져 가는 조국을 제국주의의 침략으로부터 구하고 조국의 자주독립을 쟁취하고자 했다.

그리고 국민의 애국심을 환기하기 위해서는 올바른 역사를 정립해야 한다고 역설했다. 역사를 알아야만 애국심이 생기고, 애국심을 가져야

『대한매일신보』 1908년 3월 22일자에 실린 「국한문의 경중」

만 부강한 나라를 건설할 수 있다는 것이다. 하지만 신채호가 보기에 당시의 역사서는 애국심을 고취시키는 것이 아니었다. 전통 사서들은 우리 민족의 자주성과 주체성을 기록하기보다는 중국의 침략에 맞서 우리 민족을 지켜낸 위인들을 폄훼貶毁하고 있을 뿐이었다. 신채호는 당시의 역사서들 중 가치가 있는 것은 없으며, 오히려 해악만 끼치는 것으로 파악하였다. 「독사신론」에서 "일선상존壹綫尙存의 국맥國脉을 보유"하기 위해서는 필히 역사를 가지고 있어야 하지만, 김부식 이후의 역사는 사대주의에 찌들어 있어서 차라리 없는 것만 못하다고 주장하였다. 「허다한 옛사람의 죄악을 심판함」(『대한매일신보』 1908. 8. 8)에서는 김부식을 독립정신을 말살한 역사의 죄인으로까지 규정하고, 사대주의 역사의 폐해를 지적하였다.

신채호가 그 가치를 인정한 역사는 애국심의 원천으로서의 역사였다. 애국심은 자기 민족에 대한 자긍심에서 우러난다. 자기 민족의 역사에서 자기 민족의 우수성을 찾을 수 있어야만 자기 민족에 대한 자긍심을 가질 수 있는데, 신채호는 영웅을 그 중의 하나로 보고, 우리 민족의 역사에서 영웅을 찾는 작업을 진행하였다.

신채호는 한말 제국주의의 침략으로 조국의 운명이 풍전등화에 놓인 상황에서 영웅만이 국민들을 이끌어 조국을 구할 수 있다는 영웅사관을 견지하고 있었다. 그는 1907년 10월 하순 량치챠오梁啓超의 『이태리 건국 삼걸전三傑傳』을 번역·출판하여 국가의 운명을 개척함에 있어서 영웅의 역할이 중요하다는 것을 강조하였으며, 「영웅과 세계」(1908. 1)에서는 풍전등화에 있는 나라를 구하기 위해서는 민족영웅이 출현해야 한다고 주장하였다. 그가 고대한 영웅은 민족의식과 애국사상으로 철저하게 무장된 인물로서 애국우민愛國憂民을 천직으로 여기는 자였다.

이러한 영웅사관에 입각하여 『을지문덕』(1908. 5), 「수군제일위인水軍第一偉人 이순신」(『대한매일신보』 1908. 5. 2~8. 18), 「한국의 제일 호걸 대왕」(『대한매일신보』 1909. 2. 25~26), 「류수운, 한석봉」(『대한매일신보』 1909. 11. 26), 「위인의 두각」(『대한매일신보』 1909. 11. 28), 「철인의 면목」(『대한매일신보』 1909. 11. 30), 「강감찬과 가부이」(『대한매일신보』 1909. 12. 14), 「연개소문, 김준」(『대한매일신보』 1910. 1. 21), 「동국거걸東國巨傑 최도통崔都統」(『대한매일신보』 1909. 12. 5~1910. 5. 27), 「류화전」, 「일이승一耳僧」, 「리괄」, 「박상희」(이상은 · 신채호, 1966 『룡과 룡의 대격전』, 조선문학예술총동맹출판사에 수록), 『고구려 삼걸전』(김병민 편의 『신채호문학유고선집』(1994)에 그 서문만 수록되어 있다) 등을 집필하여 우리 민족의 역사상에 나타났던 영웅들과 그 활동상을 소개했다.

하지만 1900년대 말 신채호는 민족에 대한 이해가 더욱 깊어지면서 점차 영웅주의를 극복하고 인민주권의 공화주의로 나아갔다. 이후 신채호는 영웅을 찾기보다는 올바른 역사를 정립하고, 이를 통해 국민들의 애국심을 고취하는 데 주력하기 시작하였다. 김부식과 사대주의자들에 의해 왜곡되어진 한국 고대사를 바로잡고 우리 민족의 진취성을 밝혀 민족의 자긍심을 되찾고자 했던 것이다.

신채호는 우리 민족의 가능성을 고대사에서 찾았다. 그가 보기에 우리 민족이 문화민족으로서의 유구한 전통과 대외관계에 있어서의 굳건한 자주독립성을 견지하고 있었던 시기는 고대였으며, 김부식 이후는 사대주의로 찌든 역사일 뿐이었다. 그는 고대사를 복원하는 데 집중하였다. 고대사 복원을 통하여 현재 존재하는 중세적 잔재를 극복하려고 하였으며, 이를 통해 민족적 전통에 근거하여 자생적인 근대를 실현할 수 있는 길을 모색하고자 하였던 것이다.

신채호는 1910년대에도 민족해방운동을 고무하기 위해 역사연구를 계속했다. 그에게 역사연구란 민족해방운동의 한 방편이었다. 과거를 연구하기 위해서가 아니라, 역사 연구를 통해 우리 민족의 독립의식을 고취하여 당시 우리 민족이 당면한 문제, 곧 일제의 식민지배로부터의 해방이라는 민족적 과제를 해결하는 데 일조를 하기 위해 역사를 연구하였던 것이다. 그에게 역사란 화석으로서 존재하는 단순한 과거가 아니라, 현실의 모순을 타개하고 보다 나은 사회로 나아가는 길을 찾는 가장 중요한 수단이었다.

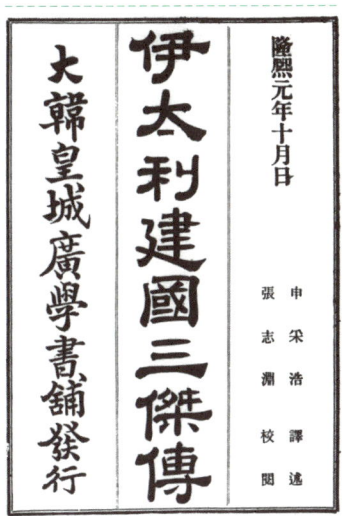

1907년 광학서포에서 발행한 『이태리건국삼걸전』

한국 근대역사학의 체계를 세우다

신채호는 전기류 저술을 통해 영웅들의 활동상을 소개하고 이를 통해 애국심을 고취하는 한편, 중세사학의 잘못을 바로잡고 근대역사학의 체계를 세우고자 「독사신론」을 집필하였다. 「독사신론」은 1908년 8월부터 12월까지 『대한매일신보』에 연재된 이후,

1908년 광학서포에서 발행한 『을지문덕』

다시 1910년 신민회와 청년학우회의 기관잡지 역할을 하던 『소년』 제3권 제8호(1910. 8)에 「국사사론」이라는 이름으로 전재되었다. 이외에 미국에서도 발간되는 등 「독사신론」은 당시 국내외의 한국인들에게 커다란 반향을 불러일으켰다.

신채호는 「독사신론」에서 국내 각 학교에서 사용되고 있는 역사교과서는 우리 민족의 주체적 입장을 전혀 반영하고 있지 않아서, 도저히 우리 민족의 역사라 하기에는 문제가 많다고 하면서, 당시 학부에서 펴낸 국사교과서의 오류를 하나하나 지적하였다. 나아가 전통사서와 국사교과서들이 가지고 있는 문제점을 극복하기 위해서는 첫째, 부여·고구려족을 우리 민족의 주족으로 설정해야 하며, 둘째, 정사正史뿐 아니라 야사野史류도 수집하여 거기에 기초해서 역사를 서술해야 한다고 주장하였다.

신채호는 미완의 상태에서 게재를 끝낸 「독사신론」에서 단군시대에서 삼국시대를 거쳐 발해의 존망까지의 역사를 서술하면서, 우리 민족의 역사를 체계화 하고자 하였다. 우선 단군을 정복군주로 서술하면서 그 실체를 인정한 뒤, 기존의 고대사 인식체계를 부정하고 단군의 전통이 부여·고구려로 계승되는 것으로 고대사의 흐름을 설정하였다. 신채호에 의하면, 기자는 부여 왕조에 신하로서 복속된 한 명의 수위守尉에 불과하였다. 그리고 발해를 우리 민족의 역사에 포함시켜 발해·신라 양국시대를 설정하면서, 김부식이 삼국사를 서술할 때 중국의 정통론에 입각한 역사서술 방식에 따라 발해를 우리 민족의 역사에서 제외시켰다고 비판하였다.

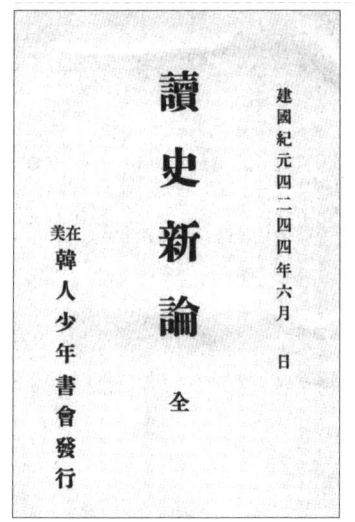
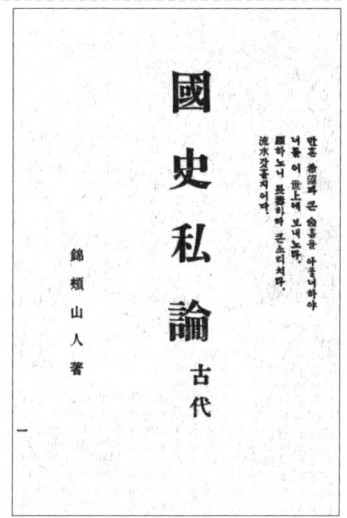

『소년』에 실린 『국사사론』과 재미한인소년서회에서 발행한 『독사신론』 표지

　이외에도 신채호는 「독사신론」에서 민족주의적 입장에서 고구려의 대중국관계를 정리하고, 일본의 신라침공설이나 '임나부 경영설'에 대해 조목조목 비판하였다. 신라의 삼국통일을 소극적 시각으로 평가하는 대신, 중국의 침략에 맞서 싸운 연개소문을 적극적으로 평가하였다.

　신채호는 「독사신론」을 『대한매일신보』에 발표하던 당시에 학생들의 요청으로 비역사 비소설인 『대동사천년사』 집필에 착수하였다가 그만두었는데, 그 일부가 「대동제국사 서언」이라는 제목으로 전해지고 있다. 「대동제국사 서언」의 집필 시기는 1908년 이후부터 1912년 사이로, 신채호가 해외로 망명하기 전에 쓴 것으로 보인다.

　신채호는 「대동제국사 서언」에서 정체성사관과 왕조별로 시기 구분하는 순환사관을 부정하고 우리 민족의 역사도 발전해왔음을 밝혔다. 신채호는 발전사관에 입각해서 우리 민족의 역사에 대한 시대구분을 시도하였다. 그는 한국사를 태고사(단군 건국~삼왕조 분쟁), 상세사(삼왕조 분쟁~발해 멸망), 중세사(발해 멸망~만주 입구入寇), 근세사(만주 입구~프랑스 도적佛寇 격퇴), 최근세사(프랑스 도적 격퇴~금일)의 다섯 시기로 구분하였다. 그리고 태고사를 고립시대(개인경쟁시대), 족장시대(가족경쟁시대), 추장시대(부락경쟁시대), 신국시대(신권경쟁시대), 봉건시대(군웅분치시대), 귀족시대의 6기로 세분하였다.

신채호는 「독사신론」과 「대동제국사 서언」 외에도 「한국 자치제의 역사」(『대한매일신보』 1909. 7. 3), 「논려사무필論麗史誣筆」(『대한매일신보』 1909. 10. 6), 「국문의 기원」(1909), 「동국고대선교고東國古代仙敎考」(『대한매일신보』 1910. 3. 11) 등을 집필하였다.

신채호는 1910년 중국으로 망명한 이후 연해주, 만주, 중국 등지에서 민족해방운동을 전개하는 한편, 역사연구에 몰두하였다. 1913년 초 무렵 연해주를 떠나 상하이로 가던 도중 펑톈으로 간 신채호는 신백우를 만나 함께 백두산을 오르고 압록강상의 지안輯安현, 즉 제2의 환도성에서 광개토왕의 무덤을 답사하였다. 해외로 망명한 이후부터 문헌자료의 부족을 메꾸기 위하여 연해주와 만주 등지에서 한국사와 관련된 사적들을 찾는 데 주력하였다.

신채호는 1913년 8월 상하이에 도착한 이후 항저우杭州 도서관에서 『해동금석원海東金石苑』을 열람하는 등 중국 도서관에서 중국 측 역사서와 사료들을 두루 섭렵하는 한편, 「고금광복기」를 집필하여 『향강잡지香江雜

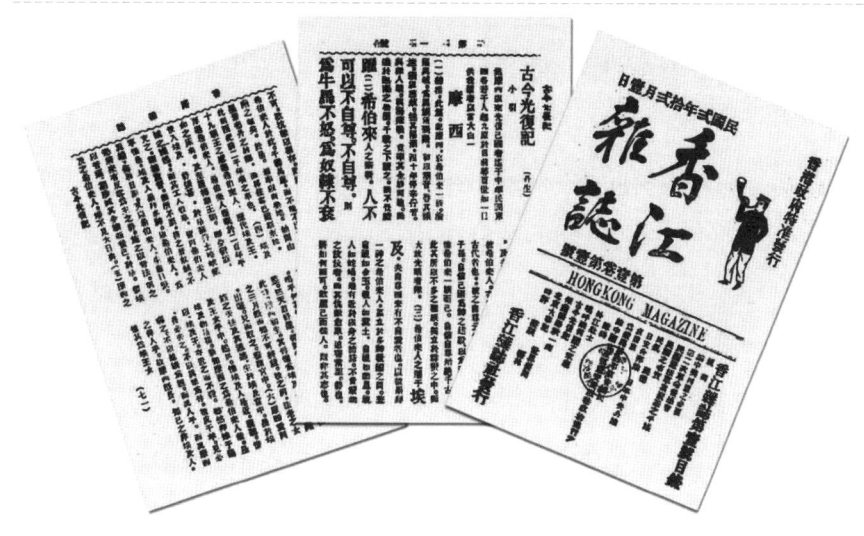

『향강잡지』에 실린 「고금광복기」

誌』1-1(1913)에 발표하였다. 그리고 신채호는 1914년 윤세복의 초청으로 다시 만주 환런현 홍도천으로 가서 1년간 체류하였는데, 거기서 동창학교 학생들에게 국사를 가르치면서 교과서 『조선사』를 저술하는 한편, 지안현 등에 남아있는 고구려 고분군을 답사하여 문헌 부족을 실지답사를 통해 보완하고자 하였다. 이후에도 기회가 있을 때마다 만주를 답사하였다. 1920년 6월경 러시아령 쑤이펀綏芬하에 갔을 때도 지안현 광개토왕비를 둘러보았다. 거기서 진록성을 만나 함께 창춘長春, 하얼빈, 헤이룽장黑龍江성의 헤이黑하와 모漠하, 바이칼 호, 시베리아, 연해주 등지를 돌아다녔다. 1920년 7월 10일에는 사할린으로 가는 진록성과 헤어져 부여족의 연원지대를 답사하러 떠났다.

1915년에 베이징으로 돌아간 신채호는 남만주 일대와 백두산 답사에서 보고 들은 것과 중국 도서관에서 열람한 중국 측 자료에 기초하여 통사 집필에 착수하였다. 1921년 베이징에 온 이윤재에게 보여준 「조선사통론」, 「문화편」, 「사상변천편」, 「강역고」, 「인물고」, 부록 등이 그 결과물인 것으로 보인다. 당시 완성되어 있던 것으로 보이는 이들 원고는 「조선상고문화사朝鮮上古文化史」와 비슷한 시기인 1918년 무렵부터 저술해 온 것으로 추측된다.

「조선상고문화사」는 『조선일보』에 1931년 10월 15일부터 12월 3일까지, 그리고 1932년 5월 27일부터 5월 31일까지 모두 41회에 걸쳐 연재되었지만 미완성으로 끝났다. 신채호가 「조선상고문화사」 제1편 제1장을 조선문화사 개권開卷 제1장이라 하였던 것으로 보아 「조선상고문화사」의 원래 제목은 「조선문화사」였던 것으로 보이며, 이윤재에게 보여준 「문화편」이 아닌가 여겨진다. 「조선상고문화사」의 저술 시기는 본문 속에 "조선이란 이름이 난지 오늘까지 사천이백육십여 년(사천이백육십여 년은 사천이백오십여 년의 오식으로 보임)"이란 표현을 보면 1918년 이후로 추정할 수 있지만 「조선상고문화사」에 대종교의 영향이 남아 있는 것으로 보아 1918년일 가능성이 크다.

신채호는 「조선상고문화사」에서 역사연구방법으로 유증, 호증, 추증, 반증, 변증의 다섯 가지를 제시하면서, 단군시대, 단군조의 업적과 공덕, 아사달왕조 시대와 단군 이후의 분열과 식민지의 성쇠, 진한의 전성과 대외전쟁, 조선 열국 분쟁의 초기 등의 5편으로 나누어 태고사를 서술하였다. 그리고 한사군의 위치를 새롭게 비정하고, 남북 양 낙랑설

『조선일보』 1931년 12월 3일자에 실린 「조선상고문화사」

을 제기하는 등 고대사에 대한 주목할 만한 새로운 주장을 내놓았다. '단군시대'에서는 지금의 허베이성, 랴오시·랴오뚱 지방에 진한·변한·마한의 삼한(북삼한, 전삼한)이 있었는데 이는 모두 단군조선의 영역 안이었으며, 북삼한은 뒤에 한강 이남으로 이동한 것으로 설명하였다.

'단군조의 업적과 공덕'에서는 단군이 아들 부루와 신하 팽오를 황黃하에 보내 우禹에게 치수방법을 가르쳤다는 것을 중국 고문헌을 인용해 설명했다. '아사달왕조 시대와 단군 이후의 분열과 식민지의 성쇠'에서는 기자가 고조선으로 망명해오자 조선왕이 이를 받아들여 현재의 만주 광닝廣寧현에 있는 한 고을의 군수를 맡겼다고 서술하였다. '진한의 전성과 대외전쟁'에서는 고조선의 랴오시 지방의 구역에 진한(진조선)이 발흥하여(전삼한설) 중국의 제齊 등과 싸운 사실을 서술하였다.

신채호는 한국사 통사를 저술하는데 외국 역사를 참조하였다. 그는 유럽 역사와 관련한 서적들을 읽기 위하여 영어를 배웠다. 영어회화는 한마디도 못하였지만 영어로 된 토마스 칼라일의 『영웅숭배론』과 에드워드 기번의 『로마제국쇠망사』를 한 번에 열 줄씩 읽으면서 그 내용을 속속들이 이야기할 정도로 영문으로 된 서적에 대한 독해력은 뛰어났다고 한다. 하지만 영어를 읽을 때 묵음은 무시하였다. 예를 들어 'neighbour'는 '네이그흐바우어'로 읽었다. 묵음을 지적하며 '네이버'로 발음해야 한다는 변영만의 충고에 신채호는 "나도 그거야 모르겠소. 그러나 그건 영인英人의 법이겠지요. 내가 그것을 꼭 지킬 필요가 무엇이란 말이오"라고 하면서 자신의 발음방식을 고집하였다 한다.

새로운 역사서술을 모색하다

3·1운동 이후 아나키즘을 본격적으로 수용하기 시작한 신채호는 민족주의적 역사관에서 탈피하여 아나키즘적 관점에서 역사를 연구하기 시작하였다. 신채호는 자신이 발행하던 『천고天鼓』에 「고고편」(神志 창간호·3호)과 함께 「조선고대지사회주의」(震公 제2호)를 발표하였다. 그는 「조선고대지사회주의」에서 고조선에서 시행된 정전제를 사회주의적 제도로 해석하였다. 이는 아나키즘의 영향을 받은 역사해석으로 보인다.

1921년 무렵에는 독립군 통합작업이 실패로 끝나면서 신채호는 이윤재가 출판을 추진하던 원고에 대한 수정작업에 들어갔다. 제일 먼저 수정에 들어간 원고는 「조선사통론」이었던 것으로 보인다. 「조선사통론」의 원고 수정은 1921년에 이루어졌지만, 출판 작업 추진이 지지부진해지면서 「문화편」 등 나머지의 원고에 대한 수정은 이루어지지 않았던 것으로 보인다. 안재홍의 주선으로 1931년 6월 10일부터 10월 14일까지 『조선일보』 학예란에 103회에 걸쳐 「조선사」가 연재되었는데, 이는 「조선사통론」이 아닌가 여겨진다. 「조선사」는 백제의 부흥운동까지만 게재되었지만, 「조선사」의 원고 자체가 미완의 상태였던 것은 아니다. 원래의 「조선사」 원고에는 신라통일기부터 서술한 하편도 있었으나, 원고가 뒤섞여 이를 정리하느라 신문에 게재되지 못하고, 대신 「조선상고문화사」가 게재되었던 것이다.

「조선사」는 해방 이후 여러 차례 간행되었는데, 먼저 「조선사」의 제2편 1장과 2장이 해방 직후 『백민』 창간호(1945. 12. 1, 백민문화사)에 「대

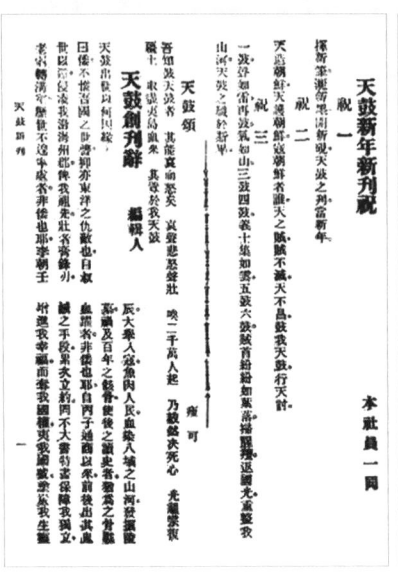

『천고』 제1호와 창간사(1921. 1)

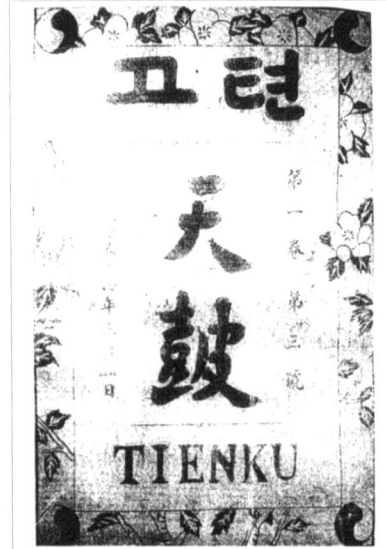

『천고』 제2호(1921. 2. 1)와 제3호(1921. 3. 1)

단군 왕검의 건국」이라는 제목으로 소개되었다. 1946년 4월에는 광한서림(발행인 김송규)에서 제1편 총론을 따로 떼 내어 『조선사론』 제1집(단재 신채호선생 유고)으로 간행하였으며, 1948년 10월에 종로서원에서 「조선사」를 『조선상고사』란 제목으로 다시 간행하였다.

신채호는 「조선사」 총론에서 "무산계급은 무산계급을 아라 하고 지주나 자본가 …… 등을 비아라 하지만, 지주나 자본가 …… 등은 각기 제 붙이를 아라 하고 무산계급을 비아"라고 한다며, 역사를 '아와 비아의 투쟁의 기록'으로 규정하는 등 1910년대의 민족주의사관과는 다른 새로운 투쟁사관을 제시하였다. 이는 사회주의의 계급투쟁 사관을 수용한 결과로 보아야 할 것이며, 개인주의적 아나키즘과 관련시켜 이해하는 것이 타당할 것이다.

이러한 계급투쟁의 관점에 입각하여 신채호는 「조선사」에서 고구려 봉상왕대 부호의 잔악한 횡포와 시민과 수령守令의 사악詐惡한 행위를 지적하고, 이를 풍속사의 일반으로 규정하거나, 곳곳에서 민중을 거론하였다. 하지만 그것은 단편적인 것에 불과하였을 뿐, 대부분은 민족적 관점에서 역사를 해석하고 서술하였다. 그는 「조선사」 총론에서 「조선사」에 서술할 항목 21개 중의 하나로 "귀천빈부 각 계급의 압제하며 대항한 사실과 그 성쇠소장盛衰消長의 대세大勢"를 포함시켰다. 하지만 급무 중의 급무로 지리의 관계라든지, 사상계의 변동이라든지, 국민생활의 관계라든지, 민족 성쇠소장 등 대문제에 주의하여 와訛를 정正하며, 진眞을 구하여 한국사학의 표준을 세울 것을 지적하였을 뿐, 계급투쟁의 역사에 대해서는 언급하지 않았다. 이는 계급투쟁사관을 제시하였음에도 민

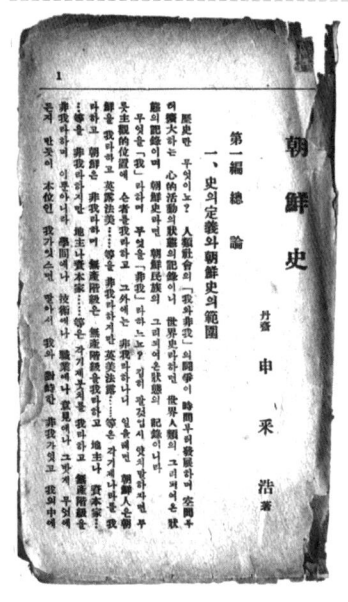
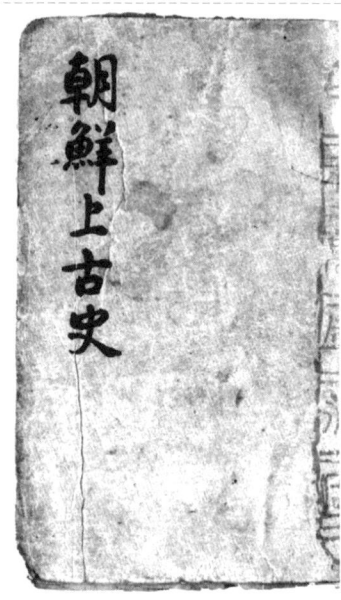

1948년 종로서원에서 발행한 『조선상고사』 표지와 첫 장

족주체성을 세우는 데 너무 급급해 한 결과로 보인다. 이에 대해 홍기문은 역사를 아我와 비아非我의 투쟁으로 보는 관점을 계급투쟁사관으로 규정하면서도, 신채호의 계급투쟁사관은 종래 관념론사가로부터 한 발짝도 더 나아가지 못한 것이라 비판하였다. 즉 "관구검의 내침, 수당의 패전敗戰을 말하기에 급급할 뿐, 삼국시대의 경제생활 내지는 계급관계 같은 데로는 눈을 돌리지 않았다"는 것이다. 그는 단재의 관념론적 역사관은 배타자존의 역사를 산출시킨 것이 아니라, 도리어 배타자존의 강렬한 감정이 끝내 관념론적 역사관으로부터 벗어나지 못하게 한 것이라고 평하였다.

신채호의 계급투쟁사관에 민족주의역사학의 잔재가 많이 남아 있는 것은 역사연구를 민족해방운동의 수단으로 본 소치이기도 하다. 독립의식을 고취하기 위해 민족자존을 내세우다보니 관념론에 치우치는 결과를 초래한 것이다. 그리고 단재가 서술한 부분이 고대사여서 계급투쟁과 관련한 사료가 없어 계급투쟁의 역사를 쓰기가 어려웠던 점이나, 고대사와 관련해서 잘못된 구사서들의 잘못을 바로잡기가 시급했던 점이나, 「조선사」 연재가 백제의 부흥운동에서 끝나버린 점도 「조선사」에서 계급투쟁의 역사가 잘 보이지 않는 하나의 원인일 것이다.

  신채호는 「조선사」 총론에서 먼저 우리나라 역사학을 개관하였다. 그는 종래의 역사학은 삼국시대의 역사학과 김부식의 『삼국사기』에서 시작되어 조선조로 계승되어 왔으며, 단군 때의 신지의 역사가 고기류와 『서곽잡록』, 『해동잡록』 등으로 끊임없이 이어 온 것으로 우리나라 사학사를 정리했다. 단재는 사학사를 정리하면서 실학자들의 역사학을 비판적으로 수용하였다. 특히 그의 상고사 인식에는 조선 후기 이종휘의 역사학이 커다란 영향을 미쳤다. 종래 유가사학에서 보였던 비자주적 한국사학은 신채호에 의해 자주독립적인 역사학으로 탈바꿈되었다.

  그리고 신채호는 「조선사」 총론에서 역사연구의 과학화를 주장하고, 「독사신론」과 「조선상고문화사」에서 제시하였던 역사방법론을 좀 더 발전시킨 형태로 발표하고 사회와 개인, 시대와 공간의 균형성을 가지고 역사를 연구해야 한다고 강조하였다.

  유가 사학자들의 정통론을 부정하고, 단군→부여→삼국의 고대사 인식체계를 더욱 발전시켜, 단군조선은 부여·고구려 계통과 기자 계통의 두 계통으로 계승되고, 부여·고구려 계통은 삼국시대까지 발전하지만, 기자계통은 삼한과 위만 두 계통으로 계승된다고 주장하였다. 그리고 「조선상고문화사」에서 기조箕朝의 전설이 있었다고 서술한 부분을 수정하여 기자조선의 존재를 부정하였다.

신채호는 「조선사」에서 상고사를 신수두시대, 삼조선분립시대, 열국쟁웅시대로 시대 구분하여 서술하였다. 신수두시대는 대단군 왕검의 시대로 요·순·하·은의 시대에 해당하며, 대단군 왕검 중심의 단군조는 신조선, 불조선, 말조선의 삼조선으로 분열되었는데, 중국의 전국시대에 해당한다고 하였다. 그리고 삼조선은 대한족對漢族 격전시대에 해당하는 열국쟁웅시대에 이르러 삼한을 성립시켰다는 삼조선삼한설을 제기하고, 고구려 900년설도 제기하였다. 신채호는 종래의 한사군설을 부정하고, 한사군은 지도에 그은 계획에 불과하거나 한반도 밖에 한사군이 설치되었다고 주장하는 한편, 백제·신라의 해외경략설을 소개하였다.

류자명에 의하면, 신채호는 「조선혁명선언」을 발표한 이후 베이징으로 돌아가서 역사 서술에 몰두하였다. 이때 유럽 역사와 관련한 서적들을 읽기 위하여 영어를 배우기까지 하였다고 한다. 하지만 1924년 신채호는 생활고 문제까지 겹치면서 역사연구에 더욱 집중하기 위하여 관인사觀音寺에 들어가 중이 되었다. 그는 류자명에게 승려가 된 이유에 대해 "나는 불교를 믿지 않지만, 다만 청정한 우주 속으로 들어가서 일심으로 역사를 쓰고 싶었지"라고 말했다. 신채호는 불교를 믿지는 않았지만 불교 교리에는 스님보다 훨씬 깊었으며, 특히 마밍馬鳴의 대승기신론大乘起信論에 대해 깊이 연구하였다.

당시 신채호의 심정은 대단히 착잡하였던 것 같다. 3·1운동의 열기가 식어가면서 민족해방의 가능성은 거의 보이지 않는 상황에서 생활난까지 겹치자 거의 자포자기적 상태였던 것으로 여겨진다. 그러한 상황이 관인사의 중이 되어 역사연구에 몰두하게 만들었던 것으로 보인다. 신채호는 그러한 자신의 심사를 「인도주의 가애可哀」에서 "토끼가 범을 잡고, 꾀꼬리가 뱀을 먹고, 독수리나 소리개가 병아리에 채이어, 일반 동물계의 현상의 대변동大變動됨을 보았으면……하는 환상이 항상 나의 뇌리에 배회하였다"고 표현하면서, 답답한 현실에 대한 자신의 절절한 고민과 절망을 그대로 드러내고 있다.

류자명

신채호는 관인사에 있으면서 「이두문 명사 해석」, 「고사상古史上 동서양자東西兩字 바뀐 실증」, 「『삼국지』 동이열전 교정」, 「평양 패수고」, 「전후삼한고前後三韓考」, 「조선 역사상 일천년래 제일대사건」 등을 집필하였다. 이 논문들 중 일부는 한기악의 주선으로 국내 『동아일보』에 발표되었다. 「이두문 명사 해석」은 『동아일보』 1924년 10월 20일~11월 3일자에, 「고사상 동서양자 바뀐 실증」은 『동아일보』 1925년 1월 3일자에, 「『삼국지』 동이열전 교정」은 『동아일보』 1925년 1월 16일~26일자에, 「평양 패수고」는 『동아일보』 1925년 1월 30일~3월 16일자에 각각 게재되었다. 『동아일보』에 게재된 4편의 논문은 1924년 10월에서 1925년 3월에 발표된 것으로 보아, 1924년 여름 이전에 작성한 것으로 보인다.「전후삼한고」는 1924년 여름에 집필되었으며,「조선 역사상 일천년래 제일대사건」은「전후삼한고」보다 먼저 작성되어「전후삼한고」와 함께 국내로 보내진 것으로 보인다.

홍명희는 신채호가「전후삼한고」와「조선 역사상 일천년래 제일대사건」을 보내오자, 이들 논문과 『동아일보』에 발표된 4편의 논문을 함께 묶어 『조선사연구초』란 제목으로 출판하고자 하였다. 1925년 가을에 신채호에게 편지를 보내어 출판을 제의한 홍명희는 수정할 부분이 많다는 이유로 출판을 거부하는 신채호를 몇 차례 어르고 달래어 겨우 출판 준비 작업을 마치고, 1926년 10월(음력)에는 서문까지 작성하였다. 하지만 무슨 이유에서인지 출판은 지연되어 1929년 6월에 가서야 이루어졌다.

신채호는「평양패수고」에서 시대별로 위치를 달리한 삼조선시대의 평양, 삼국과 동북국 양 시대의 평양, 고려 이후의 평양 등 세 개의 평양이 존재했다고 주장하고, 한국 문명의 발원지로서 고삼경古三京의 하나인 평양과 7대 강의 하나인 패수가 오늘날의 평양과 대동강으로 혼동되는 것을 비판하였다. 그는 고 평양을 하이청海城으로, 고 패수를 시안간루軒芊濼로 위치를 비교·정리하였다.

「전후삼한고」에서는 진번막眞番莫 삼조선을 기준箕準이 남하하기 이전 북방에 있던 신·불·말의 전삼한·북삼한으로, 마한·진한·변진은 전삼한의 후신으로 유민들이 남하하여 이룩한 후삼한·남삼한으로 규정하고, 진번막 전삼한이 망하고 나가제羅加濟 후삼한이 건설되기 이전에 존재하였던 준準의 마한과 진번 양국의 유민이 건설한 진한과 변진의 양

자치부락을 중심한으로 개념화하였다. 그리고 부족과 지명이동설을 차용하여 전후 삼한의 위치를 정하였다. 그는 번조선(불한)은 랴오허 이서와 카이위안開原 이북으로, 막조선(말한)은 마한의 전신으로 압록 이동에, 진조선(신한)은 랴오뚱 반도와 지린 등지로 정하였다.

「조선 역사상 일천년래 제일대사건」은 낭가사상의 관점에서 묘청의 난이 지니는 역사적·사상적 성격과 의의를 규명하고, 『삼국사기』의 사대주의 사관을 비판하면서, 한국 근세에 종교·학술·정치·풍속 등 각 방면에서 사대주의 노예성을 산출하게 된 원인을 묘청의 평양 천도 시도가 김부식에 의해 좌절된 것으로 규정하였다. 그리고 화랑의 연원을 소도蘇塗 제단의 무사에서 구하고, 그 유풍이 고려 중엽까지 남아 있었지만, 김부식의 사대주의에 의해 사라지게 되었다고 하였다.

1926년에는 「고구려와 신라 건국 연대에 대하여」를 홍명희와 한기악의 주선으로 『시대일보』 1926년 5월 20일~25일자에 발표하였다. 그리고 「부父를 수弑한 차대왕次大王」, 「조선사 정리에 대한 사의私疑」, 「연개소문의 사년死年」, 「조선민족의 전성시대」 등을 발표하거나 집필하였다.

이처럼 신채호는 1919년 이후 아나키즘을 수용하면서 아나키즘에 입각한 역사 서술을 시도하는 한편, 자신이 집필한 저술들을 아나키즘에 입각하여 수정·보완하고자 하였다. 즉 인민들의 생활상태 등을 보충하고자 한 것이다. 하지만 눈이 나빠져 그러한 작업을 진행하지 못한 채 발표하기도 했다. 그 결과 신채호의 역사 서술과 저술에는 민족주의적 요소로 보이는 부분이 많이 남아 있다. 이러한 자신의 저술에 대해 신채호는 불만이 많았고, 수정한 뒤에 발표할 생각을 가지고 있었다. 그리하

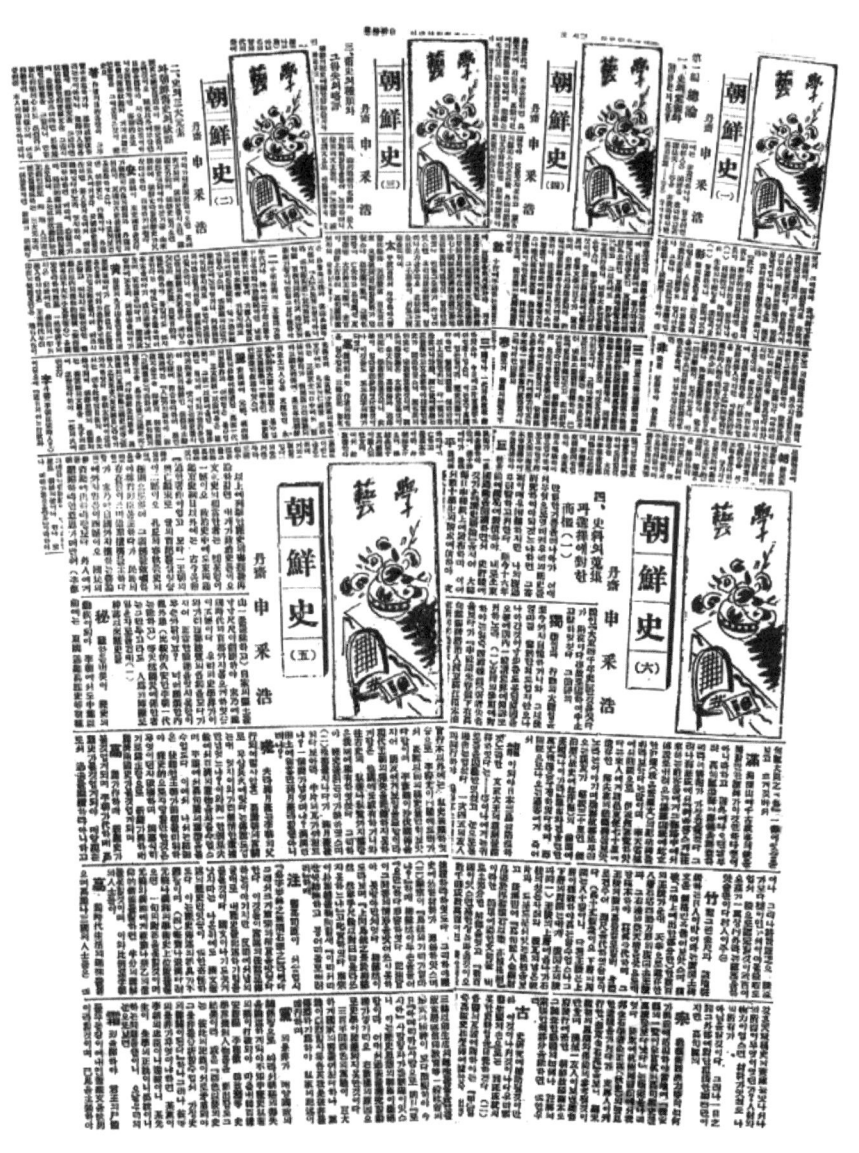

『조선일보』에 연재된 「조선사」

여 홍명희가 『조신사연구초』를 출판하고자 할 때 수정할 것이 많다면서 출판 중지는 물론이고 없애버릴 것을 요구했으며, 1931년 11월 16일 뤼순감옥으로 자신을 면회온 신영우에게 당시 『조선일보』에 연재되고 있던 「조선사」와 「조선상고문화사」에 대해 자신이 석방된 뒤 수정하여 발표할 것이라면서 연재를 중지해줄 것을 요청하기도 했다.

04 민중직접혁명론을 제창하다

아나키즘을 수용하다

신채호가 아나키즘을 처음 접한 시기는 1905~1906년 무렵이었다. 신채호는 황성신문사에 근무할 때 고토쿠 슈스이의 『장광설』을 읽고 아나키즘에 공명하였다고 법정에서 진술하였다. 1902년에 출판된 『장광설』은 고토쿠 슈스이가 아나키스트로 전향하기 전에 저술하였던 책으로서 사회주의적 입장을 취하고 있으며, 그 내용 중에는 아나키즘에 대한 설명도 있으나 간략하다. 하지만 "무정부주의가 유행하는 이유는 사람들이 국가사회에 대해 절망했기 때문이며, 전제 정부는 무정부주의의 제조공장이다"라는 구절은 당시 혁명가들 사이에 널리 유행하였다.

　신채호는 1929년 10월 3일 행해진 제4회 공판에서 "그 후(연해주로 망명한 후-인용자) 일본 무정부주의자 고토쿠 슈스이의 저작한 책을 보고 공명하여 이필현李弼鉉의 소개로 동방연맹에 가입하였던가"라는 재판관의 질문에 "고토쿠의 저서가 가장 합리한 줄을 알았다"고 답변하여, 자신이 아나키즘을 수용한 데는 고토쿠 슈스이의 영향이 일정하게 미쳤다는 것을 인정하였다.

아나키즘을 접한 이후 신채호는 사회주의에 관한 지식을 쌓아갔다. 1911년 8월에는 『대양보』의 주필이 되어 일본 배척기사를 게재하면서 연해주에 거주하던 한국인들에게 민족의식을 고취하였는데, 『대양보』 제13호에 논설 「청년노동자에게 바란다」를 발표하여 노동의 신성함을 논하고 극력 그 노력을 장려하였다. 그리고 『권업신문』 1912년 8월 29일자의 논설 「이날是日」에서 일본에서 사회주의자가 발생한 원인은 귀족계급의 평민계급 착취에 있다고 다음과 같이 설명하였다.

저의 귀족들은 음란사치가 극도에 달하여 평민은 살 수가 없으므로 사회주의자가 생긴 일도 이날이요, 저의 임금 무스히토睦仁 이하 황족을 폭발약으로 몰살케 하고 공화국을 설립코저 하던 고토쿠幸德 등 수십 명이 죽은 일도 이날이다.

신채호가 노동의 신성함을 강조한 것이나 사회주의의 발생 원인을 귀족계급의 평민계급 착취로 규정한 것은 그가 사회주의를 상당한 수준에서 이해하고 있었음을 나타내준다.

1913년 8월 신규식의 초청으로 상하이로 간 신채호는 그곳에 머무르면서 류스푸劉師復의 논설을 탐독하였으며, 그것을 통해 크로포트킨의 상호부조론을 이해할 정도로 아나키즘에 대한 풍부한 지식을 획득하였다. 그리고 당시 상하이에 함께 거주하던 한국인들이 벌이던 민족해방운동

문일평

홍명희

조소앙

의 방도에 대한 토론에도 참가하였다. 이광수에 의하면, 1913년경 문일평, 홍명희, 조소앙 등은 한 집에 거주하면서 독립운동 방도에 대해 토론하였고, 그 결과 정인보를 국내로 파견하기도 하였다. 그 해에 신규식의 초청으로 상하이로 갔던 신채호도 이들과 왕래하고 있었다. 이들은 토론 과정에서 아나키즘에 대해서도 논의하였을 것으로 추측된다.

　신채호가 고토쿠 슈스이의 『장광설』을 통해 아나키즘을 접하였지만, 그렇다고 해서 곧바로 아나키즘을 수용하였던 것은 아니다. 그는 아나키즘이 추구하는 이상에는 공명하였지만, 우리 민족의 현실에는 아직 맞지 않은 것으로 보았다. 그래서 아나키즘의 반제국주의적 측면만을 받아들이고, 고토쿠 슈스이가 강조한 암살론만 수용하였다. 즉 아나키스트들의 주요한 방법론이었던 테러적 직접행동론(테러 등 직접행동을 통해 민중들에게 아나키즘을 선전하고, 그를 통해 그들을 각성시켜 봉기·폭동·총파업 등에 동참하게 하여 사회혁명을 완수한다는 아나키스트들의 사회혁명방법론 중의 하나)을 수용하여, 1910년대부터 암살을 민족해방운동의 주요한 수단으로 채택하였던 것이다.

신채호는 1910년 「철퇴가」에서 진시황을 암살하고자 하였던 창해력사의 철퇴로 진시황과 같이 포학부도한 자를 분골쇄신하여 한국의 국광을 만고역사 상에 빛내고, 이로써 가오지안리高漸離·징커荊軻 등을 위로하자고 노래하는 등 암살행위를 높게 평가하였다. 그리고 1916년에 저술한 『꿈하늘』에서도 소설의 절 제목을 "을지문덕도 암살당을 조직하였더라"로 정하고, 을지문덕이 쇠노로 수양제를 암살함으로써 고구려가 승리할 수 있었다고 서술하는 등 암살활동의 가치를 인정하였다. 이외에도 「이날」·「증별기당안태국贈別期堂安泰國」·「독사讀史」 등에서도 고토쿠 슈스이와 징커의 암살행위를 예찬하였다. 이러한 사실은 신채호가 암살활동을 한국 민족이 취해야 할 민족해방운동 방도 중의 하나로 설정하였다는 것을 말해준다.

신채호가 한말부터 아나키즘으로부터 강한 영향을 받았으면서도 곧바로 아나키즘을 수용하지 않았던 것은 그의 주체적인 사상수용 태도와도 깊은 관련이 있다. 신채호는 자의식이 매우 강하였다. 누구에게도 고개를 숙이기 싫어 뻣뻣이 선 채로 세수를 했던 그의 강한 자의식은 자신의 저술에 대한 타인의 수정을 불허하는 저술 태도에도 그대로 나타난다.

1918년 무렵 신채호가 자신의 원고 일부를 고쳤다고 해서 기고를 거부한 일이 발생했다. 신채호는 1918년 무렵 『중화신보中華新報』 등에 기고하면서 그 수입으로 생활을 꾸려 나가고 있었는데, 신문사 측에서 신채호의 논설에서 별의미도 없는 어조사 '의矣'자 하나를 그만 빠뜨리고 말았다. 신채호는 이 사건을 기화로 『중화신보』에 기고하는 것을 그만 두었다. 자존심이 강한 신채호로서는 자신의 동의 없이 글을 함부로 고친 것을 용납할 수 없었기 때문이다. 하지만 보다 근본적인 이유는 생활을 꾸려 나가기 위해 기고한다는 사실 자체가 견디기 어려웠기 때문인 것으로 보인다.

자기 저술에 대한 타인의 수정을 전혀 불허하는 신채호의 태도는 다음의 경우에 여실히 드러난다. 1925년 「전후삼한고」를 신문사에 보내면서 원고를 받는 사람에게 메모를 남겼는데, 그 메모에서 자신의 원고를 등재하는 경우에는 글자 하나 구절 하나라도 빼고 더하거나 이동해서는 안 된다고 못 박았다. 설사 본인의 원고에 잘못된 부분이 있다 할지라도 연구의 기초와 방법이 서로 같지 않은 이상에는 차라리 원고 전체를 부인할지언정 글자의 가감이나 이동은 불가하다고 하였다.

이와 같이 자의식이 강했던 신채호는 그럴싸한 외래 사상을 접하더라도 그것을 곧바로 수용하지 않고, 그것이 자신에게 맞는 것인지 아닌지를 먼저 따졌다. 그는 「문예계 청년의 참고를 구함」에서 주의·사상은 그 사회의 상황에 따라 성하거나 쇠퇴하지만, 한국 사람들은 발이 아프거나 말거나 세상이 외씨버선을 신으면 자신들도 외씨버선을 신는데, 이것은 노예의 사상이라고 비판하면서, 외래 사상을 그대로 수입하는 것에 대해 경계하였다. 「낭객浪客의 신년만필新年漫筆」에서도 '석가모니'가 들어오면 '한국의 석가모니'가 되지 않고 '석가모니의 한국'이 되며, '공자'가 들어오면 '한국의 공자'가 되지 않고 '공자의 한국'이 되며, 무슨

'주의'가 들어와도 '한국의 주의'가 되지 않고 '주의의 한국'이 되려 한다고 하면서, 한국인들이 외래 사상을 수용하면서 비주체적 태도를 취하는 것을 비판하였다.

주체를 강조하는 태도는 신채호로 하여금 아나키즘을 수용하는 데 있어서 전통사상과 단절하지 않고 기존 자신의 사상 즉 유교적 소양을 바탕으로 하여 아나키즘을 수용하게끔 하였다. 신채호는 1929년 2월 6일 제2회 공판에서, 예심조서에서 고토쿠 슈스이의 저서를 읽고 아나키스트로 되었다고 한 것을 수정하여, 자신은 책에서 얻은 이론으로 아나키스트가 되었던 것이 아니고 자신의 인간적 요구에 의한 것이라고 하였다.

신채호는 1916~1917년까지만 하더라도 천당은 오직 주먹이 큰 자가 차지하는 집이요, 주먹이 약하면 지옥으로 쫓기어 간다면서, 크로포트킨의 상호부조론보다 다윈의 생존경쟁론을 더 수입할 것을 역설하는 등 사회진화론적 사고를 하고 있었다. 그러던 신채호가 점차 사회진화론적 사고에서 벗어나기 시작한 것은 1917년 러시아혁명을 목격하면서부터인 것으로 보인다.

19세기 말 이후부터 사회진화론에 입각해서 근대화를 추진해오던 한국 지식인들이 사회진화론적 사고에서 탈피하기 시작한 것은 1914년 제1차 세계대전이 발발하면서부터였다. 1914년 6월 오스트리아 황태자가 세르비아인에게 암살되자 오스트리아는 그 해 7월 세르비아에 선전포고하였는데, 여기에서 제1차 세계대전이 시작되었다. 제1차 세계대전은 인류에게 엄청난 재앙을 몰고 왔다. 그리하여 전 세계의 지성계는 가치관의 혼란에 빠졌으며, 제국주의와 자본주의의 병폐에 대해 각성하고 힘이 지배하는 세계질서를 개편하여 모든 사람이 평화롭게 공존할 수 있는 정의·인도의 사회를 건설해야 한다는 사회개조·세계개조론이 대두하였다. 사회개조·세계개조론자들은 생존경쟁에 의해 인류사회가 진화되었다는 사회진화론적 사고가 결국 제1차 세계대전과 같은 대재앙을 몰고 왔으며, 이러한 불행을 되풀이 하지 않기 위해서는 현 사회를 개조하여 강자와 약자가 공존하는 사회질서를 수립해야 한다고 주장하였다.

한국인 지식인들도 제1차 세계대전의 참상에 큰 충격을 받았다. 제1차 세계대전의 발생 원인이 열국 사이의 경쟁, 즉 약육강식과 적자생존의 원칙에 있는 것으로 보았다. 한국 지식인들은 힘의 논리인 사회진화론을 극복할 수 있는 사상을 모색하였다. 이들은 약육강식·적자생존의 원칙을 부정하고, 모든 민족이 평등하게 살 수 있는 사회질서를 수립할 것을 주장하는 사회개조·세계개조론을 수용하고, 그 입장에서 힘이 지배하는 현재의 세계질서를 개조하여 모든 민족이 평화공존하는 인도·정의의 사회를 건설할 것을 주장하였다.

사회개조·세계개조론은 1917년 러시아혁명 이후 대동사상과 결합되면서 한국인들 사이에서 확산되었다. 『예기禮記』예운편禮運篇에서 대동사회의 모습이 묘사된 이후, 대동사상은 시대에 따라 그 내용과 성격을 달리하면서 전개되어 왔는데, 대동사상이 체계화된 것은 청淸 말 강유웨이康有爲의 『대동서大同書』에 의해서였다. 강유웨이는 인류사회는 거란세據亂世→승평세升平世(소강)→태평세(대동)의 순서로 진화·발전해간다고 밝히고, 중국의 현상을 무량수의 고뇌에 충만한 거란세에 해당시키고, 먼 미래에 일체의 고뇌에서 해방되어서 자유롭고 공평한 대동세계를 건설할 것을 제창하였다. 강유웨이가 설정한 대동세계는 남녀평등, 가족제도 폐지, 인종차별 소멸, 계급 철폐, 농공상업의 공영, 세계정부에 의한 전쟁 없는 평등의 극락세계로, 일반 중국인들이 이상적인 사회로 믿어 오던 것을 서양의 민족주의 또는 사회주의 등과 결합시켜 체계화한 것이다.

국내에서 전개된 대동사상은 강유웨이에 의해 완성된 대동사상과는 일정한 거리가 있었으며, 제국주의의 식민지 지배에 반대하는 반제국주의 사상체계로서의 측면이 강하였다. 즉 한국의 대동사상은 근대화 추구라는 측면보다는 사회진화론 부정이라는 반제국주의적 측면을 훨씬 강하게 지니고 있었다. 즉 제국주의의 식민지 지배를 정당화하는 논리로서 기능하였던 사회진화론을 극복하고자 하는 노력의 일환으로 대동사상이 전개되었던 것이다. 한국인들의 대동사상은 러시아혁명 이후 반제국주의 논리인 사회개조·세계개조론과 결합되었다.

러시아혁명은 당시 한국 사상계에 커다란 영향을 미쳤다. 박은식은 『독립운동지혈사』에서 러시아혁명이 "전 세계가 대동단결하고 인류가 공존한다는 이상"을 최초로 실현한 것으로 보았다. 즉 "러시아의 혁명당은 앞장서서 홍기를 높이 들어 전제를 엎어버리고 널리 정의를 선포하여 각 민족의 자유와 독립을 허용하였다. 전에 극단의 침략주의 국가였던 러시아가 일변하여 극단의 공화체제를 세우게 된 것이다. 이는 세계를 개조하는 데에서 가장 앞서 이룩된 기틀이 되었다. …… 정의와 인도를 표방하는 자들이 마침내 승리를 드높이 구가하게 되었다. 이른바 세계개조의 서광이라 할 수 있다"고 하여, 사회개조·세계개조론이 러시아혁명에 의해 처음으로 현실화된 것으로 파악하였다. 이는 한국인들이 러시아혁명의 영향 아래 사회개조·세계개조론을 대동사상과 결합시켜 수용하였고, 그것을 통해 사회진화론을 극복하게 되었음을 말해 주고 있다.

신채호도 1917년 7월에 발표된 「대동단결의 선언」에 신규식(신정申檉)·조소앙(조용은趙鏞殷)·박은식·박용만 등과 함께 서명하는 등 러시아혁명을 계기로 사회개조·세계개조론과 대동사상을 수용하면서 사회진화론을 극복해 나갔다. 「대동단결의 선언」은 대동사상에 근거하고 있었다.

1919년 2월(음력 1918. 11)에 발표된 「대한독립선언서」(일명 「무오독립선언」, 조소앙이 기초)는 신채호가 사회진화론적 입장에서 벗어났음을 여실히 드러내준다. 신채호가 이동휘·이상룡·이승만·문창범·박은식·신규식·조소앙·안창호 등 38명과 함께 서명한 「대한독립선언서」는 사회개조·세계개조론적 입장에서 강자에 의한 약자 지배를 부정하고 모든 민족과 모든 사람이 평등하게 공존하는 대동사회를 건설해야 한다고 주장하면서, 한국 민족이 독립해야 하는 당위성을 논하였다. 이는 신채호가 1910년대까지 견지하고 있던 사회진화론을 극복하고 팽창적 민족주의에서 벗어났음을 말해준다.

신채호는 사회개조·세계개조론을 수용하면서 점차 아나키즘으로 기울어져 가기 시작하였다. 즉 아나키즘의 상호부조론을 빌어 약육강식·적자생존의 생존경쟁을 강조하는 사회진화론을 극복해간 것이다. 이에 따라 상호부조론을 제창한 크로포트킨의 아나코코뮤니즘Anarcho-communisme이 신채호가 수용한 아나키즘의 주된 내용이 되었다. 신채호

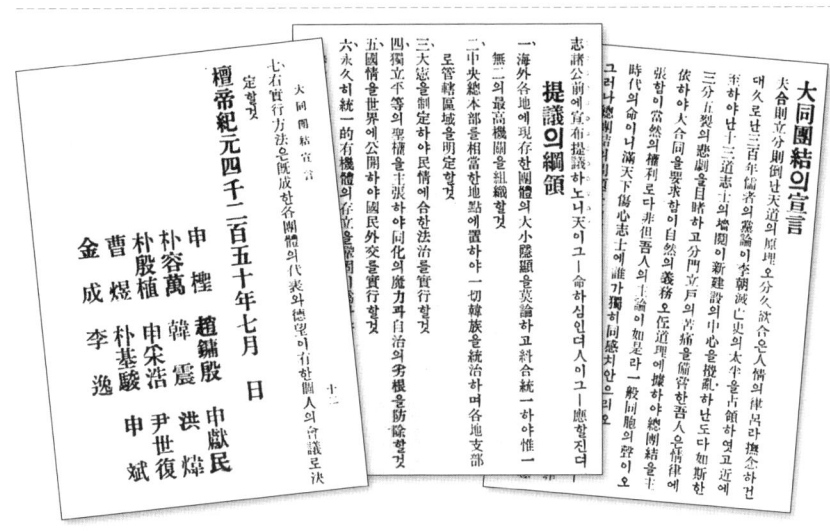

대동단결의 선언

는 1920년대 초 「가짜 학문偽學問의 폐해」에서 가짜 학문의 폐해를 지적하면서, "어찌하면 루소·볼테르 정치를 강연하며, 바쿠닌M. A. Bakunin·크로포트킨으로 도덕을 논술하여 우리 청년의 두뇌를 다시 씻을런지"라고, 한국 청년들이 바쿠닌이나 크로포트킨의 감화를 받지 못한 것을 한탄하였다.

1925년 1월에는 「낭객의 신년만필」에서 크로포트킨의 「청년에게 고하노라」란 논문의 세례를 받자고 호소하거나, 크로포트킨을 석가·공자·예수·막스와 더불어 5대 사상가의 하나로 규정하기도 하였다. 그리고 『천고』에 「크로포트킨의 죽음에 대한 감상」을 발표하여 크로포트킨

바쿠닌(M. A. Bakunin)

의 학설에 대해 논하였다. 이처럼 1920년대 초의 신채호는 크로포트킨의 아나키즘에 심취해 있었다.

신채호가 아나키즘을 수용하기 시작한 것은 1919년 3·1운동이 일어나고 임시정부 수립에 참여하면서부터였던 것으로 보인다. 한국인들 사이에서 사회개조·세계개조론이 확산되면서 이들 사이에 한국의 즉각 독립을 모색하는 움직임이 형성되었다. 하지만 이들은 우리 민족 스스로의 힘으로 독립을 쟁취하려 하기보다는 외교적 노력에 의한 독립을 도모하였다. 제1차 세계대전에서 신흥국인 독일이 승리할 것으로 보고 군자금을 모아 독일에 전달하는 등 독일의 환심을 얻고자 했다. 그러다가 제1차 세계대전이 끝나고 윌슨의 민족자결주의가 선언되자 한국이 독립할 수 있는 절호의 기회가 온 것으로 파악하였다. 이들은 한국이 독립하기 위해서는 연합국의 도움이 필수적인 것으로 보고, 전후 문제를 처리하기 위해 모인 파리강화회의에 한국의 독립을 청원하기 위해 민족의 대표를 파견하였다. 그리고 그것을 보조하는 하나의 수단으로 국내에서 대규모의 시위를 조직하고자 했다.

마침 고종의 인산일이 다가왔고, 그 날을 기해 만세시위를 벌이기로 하였다. 민족대표 33인은 3월 1일을 기해 탑골공원에서 최남선이 기초한 「독립선언서」를 낭독한 뒤, 독립만세시위를 벌이기로 계획을 세웠다. 하지만 이들은 당일 아침에 태화관이라는 중국요리집에서 「독립선언서」를 낭독하는 것으로 자신들의 역할을 끝내고, 시위에는 참가하지 않았다. 이들을 대신하여 학생과 민중들이 만세시위를 주도하였다.

국내에서 3·1운동이 발생하자, 그 영향하에서 중국 상하이에서 대한민국임시정부가 수립되었다. 대한민국임시정부는 파리강화회의와 대평양회의에 대표를 파견하여 한국의 독립을 청원하는 등 외교적 독립노선을 채택하였고, 미국에 일본을 대신해 한국을 통치해달라고 청원하는 위임통치론을 제기한 이승만을 대통령으로 선출하였다.

1919년 3월 1일 국내에서 민중의 주도하에 대규모의 만세시위가 일어나자, 신채호는 커다란 충격을 받았다. 그는 3·1운동을 5,000년 이래 제일 큰일로 보고, 1919년 3월 1일을 '우리나라 독립사의 개권開卷 제1장'으로 규정했다. 그리고 1921년 3월 1일 저녁, 베이징 박정래의 집에서 개최된 독립기념축하연에도 주도적으로 참가하였다. 신채호는 박정래·서왈보·김달하·한진산·신헌 등 16명이 모인 이 행사에서 개회의 취지를 설명하였다.

신채호는 3·1운동 과정에서 민중의 폭발적인 힘이 드러나자, 민중을 민족해방운동의 주체로 인식하고, 민중해방을 표방하던 사회주의에 주목하게 되었다. 거기에다가 외교적 노력에 의한 독립을 추구하는 대한민국임시정부에 대한 실망이 더해지면서 신채호의 아나키즘 수용이 더욱 촉발되었다. 대한민국임시정부가 끝내 이승만을 대통령으로 선출하자, 신채호는 대한민국임시정부에서 나와 임시정부의 독립운동노선을 비판하면서 반임시정부활동을 전개했다.

신채호의 아나키즘 수용은 암살활동을 주요한 수단으로 삼는 민족해

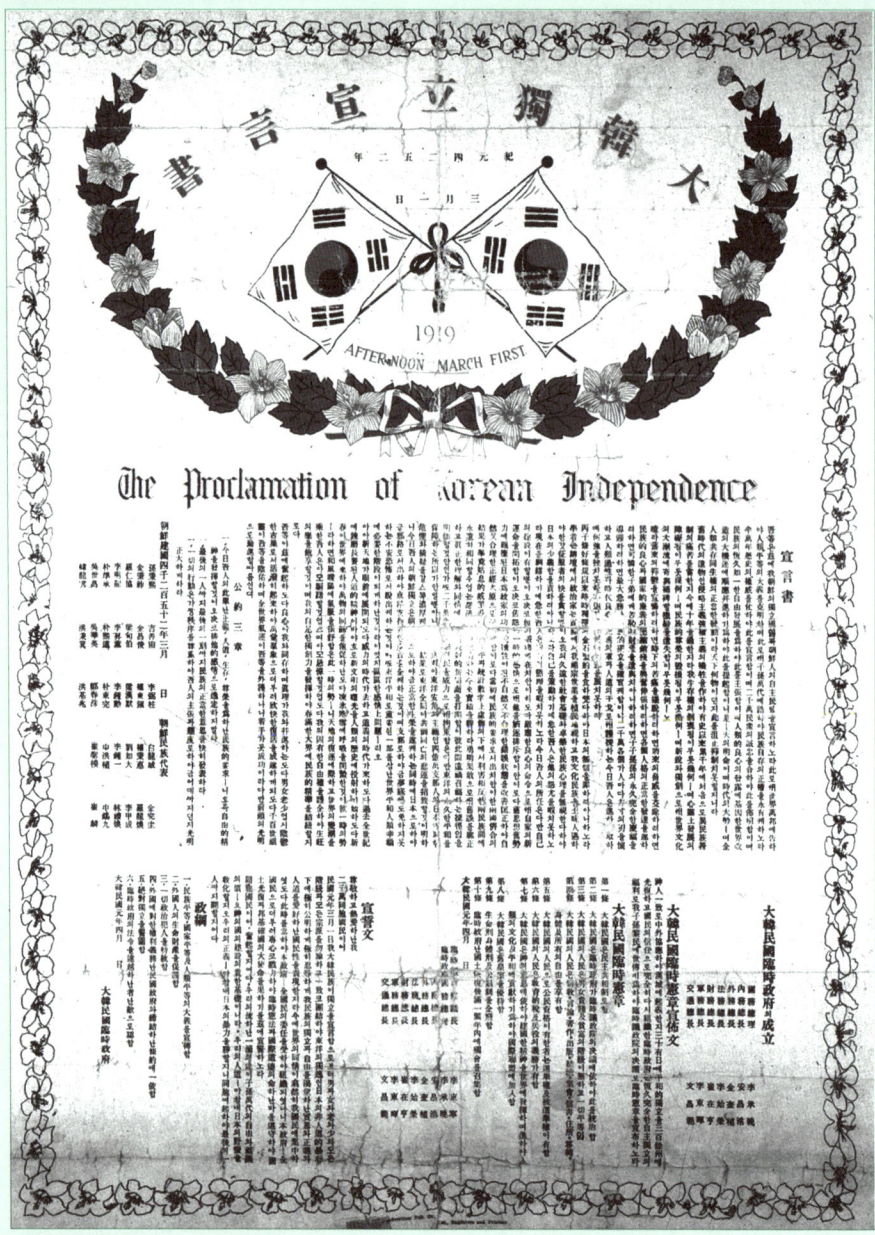

대한독립선언서(1919. 3)

방운동 방법론과 대동사상의 사상적 기반 위에서 이루어졌다. 그것은 상호부조론이 생존경쟁론을 극복하는 데 가장 적합한 논리였다는 점이 크게 작용했다. 아나키즘을 수용하면서 신채호는 노동문제에도 관심을 기울였던 것으로 사료된다. 대한독립단은 신채호를 단장, 박중화를 부단장, 고순흠을 비서국장에 선임한 뒤, 1919년 7월 3일 태서관泰西館에서 박중화의 주도로 조선노동문제연구회를 창립하였다. 대한독립단 단원과 비단원 합계 73명이 회합하여 토의한 결과, 조선노동공제회를 설립하기로 하였다. 당시 중국에 있던 신채호가 조선노동공제회 결성에 주도적으로 참가할 수는 없었을 것으로 사료된다. 하지만 신채호가 단장으로 있던 대한독립단이 조선노동공제회 결성에 주도적으로 참여하였다는 사실은 민중을 역사발전의 주체로 인식하고 아나키즘을 수용하기 시작한 신채호가 노동문제에 깊은 관심을 가지고 있었다는 것을 말해준다.

　임시정부의 독립운동노선을 분쇄하기 위해 투쟁하는 과정에서 신채호는 아나키즘을 민족해방운동의 지도이념으로 수용하기 시작하였다. 신채호는 1919년 10월 17일 김두봉金枓奉·한위건韓偉健·신백우 등과 함께 상하이에서 『신대한』을 창간하였는데, 신채호가 주필을 맡았으며, 신백우는 경영을 맡는 한편, 한위건과 함께 집필도 담당했다. 신채호는 「신대한 창간사」에서 아나키즘적 세계관에 입각하여 계급투쟁으로 자본주의 사회의 모순을 극복하고 빈부의 차이가 없는 평등한 이상세계를 건설할 것을 주장하였다. 이어서 '파괴가 곧 건설'이라는 바쿠닌의 주장에 근거하여 일제를 파괴하는 것이 곧 한국의 독립을 건설하는 것이

3·1절 2주년 기념식(1921. 3. 1)

라 주장하였으며, 아나키즘적 국가관에 입각하여 국가보다는 독립군을 조직하는 것이 급선무임을 밝혔다. 그리고「국제연맹에 대한 감상」에서는 크로포트킨의 상호부조론에 입각하여 대동세계를 건설하는 것이 시대의 흐름임을 강조하였다. 이러한 주장들은 결국 아나키즘에 입각하여 민족해방운동을 전개할 것을 역설한 것이다.

신채호는 한때 이동휘의 한인사회당과 '국가사회주의당'에 가입하기도 하였다. 신채호가 한인사회당에 가입한 것은 아나키즘과 공산주의의 본질적 차이를 인식하지 못하고, 다 같은 사회주의로 파악하였기 때문이 아닌가 여겨진다. 그 결과『신대한』은 기본적으로는 아나키즘적 입장을 나타내고 있지만, 러시아의 내전상황과 공산주의운동에 관한 기사도 상당수 게재하였다. 러시아의 내전상황에 대한 기사는 각호마다 게재되었고, 『신대한』에 게재된 공산주의운동 관련 기사는 "미국의 공산당", "공산주의 신문기자 체포", "미국의 대검거", "인도에 과격주의 침점侵漸"(이상 『신대한』 17호) 등이다.

『신대한』이 임시정부의 방해공작에 의해 발행이 중단되자, 신채호는 1920년에 베이징으로 갔다. 거기서 신채호는 반임시정부 활동을 계속하는 한편, 중국인과의 항일연합전선을 형성하고자 김창숙·박숭병朴崇秉·이회영·한영복 등과 함께 순한문지 『천고』를 발행하였다. 김창숙이 1920년 11월에 베이징에 갔을 때 이미 신채호는 박숭병과 함께 『천고』 발행을 준비하고 있었는데, 『천고』 창간호는 1921년 1월에 발간되었다. 『천고』에는 아나키즘적 내용의 글들이 게재되었는데, 신채호는 「창간사」에서 아나키스트들의 테러적 직접행동을 민족해방운동의 수단으로 제시하였다. 즉 일제의 식민지배에 맞서서 "안(국내-인용자)에서는 인민들의 기운이 날로 성장하여 암살폭동의 거사가 계속해서 나타나 끊이지 않고, 밖에서는 세상의 운명이 날로 새로와져 허약한 나라와 민족의 자립운동이 속출하여 그치지 않고 있다. 한국 민족이 해방을 쟁취하기 위해서는 끊임없이 투쟁하고 칼과 낫이 되고 창과 화포가 되어 도적들의 기운을 소탕하고 폭탄과 비수가 되어 적을 놀라게" 해야 한다고 역설하였다.

신채호는 아나키즘을 민족해방운동의 지도이념으로 수용하면서 대외팽창을 추구하는 배타적인 국수주의를 극복해갔다. 신채호는 「국제연

『신대한』 창간호(1919. 10. 28)

맹에 대한 감상」(『신대한』 창간호)에서 모든 나라가 자유를 누리는 사회를 건설하는 것이 시대의 흐름임을 강조하면서, 강력자에 대한 요구를 버릴 것을 역설하였다. 이는 신채호가 사회진화론적 입장에서 강자를 추구하던 1910년대의 국수주의적 사고에서 탈피하여 아나키즘적 세계관을 가지고 있었음을 보여준다. 그는 「고고편」(『천고』 1·3호)에서도 대외 팽창을 추구하는 국수주의를 비판하였다.

「일본제국주의의 막다른 운명이 곧 다가올 것이다」(『천고』 1호)에서는 제1차 세계대전 이후 인도·정의·자유·평등의 논조가 점차 커져 전 지구에서 논의가 되고 있으며, 그것에 더하여 사회주의가 널리 전파되어 결코 파괴할 수 없는 세력을 가지고자 하였다면서, 사회주의사회가 도래할 것이라 선전하였다. 그리고 한국에서는 사회주의가 이미 고조선 시대에 시행되었던 것으로 파악하였다. 고조선 시대에 정전제井田制가 중국보다 앞서 시행되었는데, 이것이 "고농업시대古農業時代의 사회주의"로서 사회주의자들이 추구하는 공산제도이며, 정전제의 '평균' 정신은 그 이후에도 고려·조선으로 계속 이어졌다는 것이다.

『신대한』에서 비교적 공산주의에 대하여 우호적 입장을 취하였던 신채호는 『천고』에서는 사회주의를 선전하면서도, 공산주의에 대해서는 그 폐단을 지적하고 비판하였다. 그는 「조선 독립과 동양 평화」에서 "과격파의 신조가 진실로 진리에 어긋나지 않고 인류의 심리에 부합한다면, 비록 왜병을 모아 적탑(치타chita : 부랴트 자치 공화국 동쪽에 있는 도시)의 남쪽에 성벽을 쌓고 울타리를 두르더라도 과격파의 무형탄환이 이 박약한 보루를 뚫고 지나가는 것"을 막을 수 없으며, 만약 과격파 자체가 본래 성공할 수 없는 것이라면 일본의 야심을 키워서 동방을 더욱 소란케 할 뿐이라면서, 서방 국가들이 일본으로 하여금 러시아의 동진東進을 막도록 하는 것에 대해 반대하였다.

이어서 일본의 시베리아 점령은 "황인종 각 민족이 군벌과 자산계급을 두려워하고 싫어하는 악감정을 자극하고, 나아가 과격파와 연락하여 이로써 혁명의 도화선을 만들지도 모른다"고 하여 공산주의혁명의 확산을 경계하였다. 그러면서 러시아의 과격파가 약소민족의 독립을 지원한다는 명분하에 동진하는 것을 막고, 그들로 하여금 날개를 접어서 치타 이북에 머물게 하여 동양 평화를 이룩할 수 있는 것은 한국의 독립뿐이라 주장하였다.

결국 동양 평화를 이룩하기 위해서는 러시아의 동진 또한 막아야 하며, 그러기 위해서는 한국의 독립이 최우선이라는 것이다. 여기서 신채호가 공산주의가 추구하는 이상에 대해서는 동의하고 있지만, 프롤레타리아독재를 실시하고 있는 러시아가 새로운 세력을 형성하는 것에 대해서는 반대하였음을 알 수 있다. 즉 아나키즘적 입장에서 새로운 강권으로 등장하는 공산주의국가에 대한 반대 입장을 밝힌 것이다. 신채호는 「크로포트킨의 죽음에 대한 감상」에서도 레닌의 사상과 크로포트킨의 사상 즉 볼셰비즘과 아나키즘을 서로 다른 것으로 인식하면서 볼셰비키당의 정치를 전제무단정치로 표현하여 공산주의에 대한 반대의 입장을 나타냈다.

이처럼 3·1운동 이후 신채호는 차츰 아나키즘을 수용하기 시작하였다. 하지만 아직 아나키즘을 자신의 사상으로 온전히 수용하지 못하고 자신이 아나키스트임을 부정하였다. 즉 1920년에 저술된 것으로 보이는 「도덕」에서 "이 세계는 약육강식하는 주먹 권리의 세계"인 이상 "크로포트킨의 상호부조설보다 다윈의 생존경쟁설을 더 수입"해야 한다고 주장하였으며, 「크로포트킨의 죽음에 대한 감상」에서도 "무정부주의는 내가 강구하는 바는 아니니 …… 나는 비단 무정부주의를 궁구하지 않았을 뿐 아니라 …… 그(크로포트킨-인용자) 저술한 책을 나는 단지 일역日譯·한역漢譯한 단편적인 글귀를 볼 수 있었을 뿐이며, 일찍이 책을 읽거나 말을 듣지 못했는데 갑자기 그 사람을 논하는 것이 옳은가?"라고 하면서, 거듭 자신이 아나키스트가 아님을 밝혔다. 신채호가 아나키즘을 자신의 사상으로 정립한 시기는 1921년 가을 독립전쟁노선을 포기하고 테러적 직접행동론을 민족해방운동의 주요한 방법론으로 채택하면서부터이며, 1922년 말부터 1923년 1월까지 「조선혁명선언」을 작성하면서 자신의 아나키즘을 체계화한 것으로 추측된다.

   신채호는 아나키즘을 수용하면서도 서구의 아나키즘을 곧이곧대로 수용하는 것을 거부하였다. 즉 신채호는 국가주의와 국수주의의 폐단으로 빈부격차가 극심해지고 결국 제1차 세계대전이 발발한 것으로 보면서, 사회주의가 국가주의를 대체해가고, 정의·인도·평등·호조·무저항 등이 세력을 얻어가는 것이 제1차 세계대전 이후의 세계적 추세라고 하였다. 하지만 한국 사람이 이를 그대로 수용하게 되면 완전히 무장해제를 당하여 일본은 굶은 호랑이가 되고 한국사람은 치승癡僧이 되어 천만자비千萬慈悲의 주문은 아무런 법력을 발휘하지 못하고 한국인은 일본인의 먹이가 되고 만다고 하면서 무저항 논리의 맹점을 지적하였다. 이어

독립을 쟁취하기 위해서는 우리의 모든 재주를 척왜斥倭와 살왜殺倭에 활용해야 할 뿐 아니라 안정, 평화 등을 내세우며 자치론, 참정론 등을 주장하는 자들을 배척해야 한다고 주장했다.

반임시정부의 기치를 들고 군사기관 창설을 도모하다

1919년 3월 1일을 기점으로 3·1운동이 일어나서 전국으로 확산되어 갔다. 그러한 가운데 국내와 해외에서 임시정부가 조직되었다. 연해주에서는 1919년 3월 17일 전로한족회중앙총회가 정부의 성격을 지닌 대한국민의회로 개편되었고, 서울에서는 1919년 4월에 국민대회를 거쳐 한성정부가 수립되었다. 이와 비슷한 시기에 중국 상하이에서도 임시정부를 수립하고자 하는 움직임이 일어났다. 이에 신채호도 상하이로 가서 임시정부 수립에 참여했다. 신채호는 1919년 7월 8일 개최된 임시정부 의정원 제5회 회의 이튿날 전원위원회 위원장으로 선출되었다. 하지만 1919년 8월 18일 개최된 의정원 제6회 회의에서 미국에 위임통치를 청원했던 이승만을 대통령으로 선출하자, 신채호는 이에 격렬하게 반대하다가 임시의정원에서 해임되었다. 이후 신채호는 임시정부에 반대하는 활동을 전개했다.

신채호는 「신대한 창간사」에서 자치론과 참정권운동을 비판하고, 외교에 의해서는 결코 독립을 쟁취할 수 없다고 역설하면서 임시정부의 독립운동노선을 비판하였다. 그리고 "다만 대의大義로써 동포를 분려奮勵하여, '제일第一, 독립을 못하거든 차라리 사死하리라는 결심을 공고케 하며, 제이第二, 적에 대한 파괴의 반면反面이 곧 독립건설의 터이라'는 이해를 명확케 하여, 이상의 국가보다 선先히 이상의 독립군을 제조"할 목적으로 창간하게 되었다면서 창간 취지를 밝혔다. 즉 정부보다는 먼저 독립군을 조직하여 일본제국주의에 결사 항전해야 한다는 것이다.

1919년 11월 일본 정부의 초청으로 여운형 일행이 일본을 방문하여 재상하이 한국인사회를 발칵 뒤집어 놓았다. 상하이에 있던 독립운동가들은 유호留滬임시국민대회를 개최하여 여운형 일행의 일본 방문은 개인 행동에 불과하다는 내용의「선포문」을 발표하였다. 처음에는 신채호가 원세훈·한위건·옥관빈·신국권 등과 함께 선전위원으로서 국민대회의 위임을 받아「선포문」을 기초하였다. 하지만「선포문」을 기초하는 과정에서 신채호·원세훈·한위건과 옥관빈·신국권 사이에「선포문」에 포함할 내용을 둘러싸고 의견충돌이 생겼다. 논란 끝에 신채호·원세훈·한위건의 의사대로 11월 17일 국민대회 명의로「선포문」을 공포하였다.

「선포문」은 여운형 일행의 일본 방문을 민의를 위반한 것으로 보고, 이들을 적으로 규정하여 사형에 처할 것을 주장하는 내용을 포함하고 있었다. 이에 옥관빈과 신국권은 제2회 국민대회 개최를 요구했고, 이에 따라 1919년 11월 29일 대회가 개최되었다. 대회는 갑론을박 끝에 17일에 공포한「선포문」은 무효로 하고, 새로운 기초위원을 선정하여 선포문을 작성·공포하며, 신채호·원세훈·한위건 등에게는 사죄를 청하기로 결정했다. 이후 신채호와 임시정부의 관계는 더욱 악화되었다.

신채호에 대한 임시정부의 압박은 날이 갈수록 강화되었다.『신대한』마저 임시정부의 압력에 의해 1920년 1월 중순 이후 발행이 중단되었다. 이에 신채호는 베이징으로 근거지를 옮기고, 거기서 반임시정부 세력을 규합하여 1920년 4월 '대한민국 군정부'를 자칭한 제2 보합단을 조직하였다. 한편, 신채호는 군사기관을 창설하고자 노력했다. 신채호는 이미 1919년 3월 베이징에서 문철文哲, 서왈보徐曰甫 등과 함께 1919년 3월 베이징에서 청년학생들을 조직하여 군사행동을 목적으로 하는 대한독립청년단(일명 학생단)을 결성한 적이 있었다. 대한독립청년단의 간부진은 단장 신채호, 부단장 한진산韓震山, 총무 한진산, 통신사장 한진산, 서기 방석범方錫範, 외무장外務長 문철, 내무장 겸 재무장內務長兼財務長 조동진趙東珍, 군무장軍務長 서왈보徐曰甫 등이었으며, 1919년 12월 현재 회원수는 70명(재북경在北京 회원 30명 포함)이었다. 대한독립청년단은 『신대한』을 "우리 독립사업에서 가장 건전한 기관"으로 추켜세우면서 그 창간을 축하하는 글을 『신대한』 창간호에 게재하였다. 그리고 남형우南亨祐를 단주로 하여 신대한동맹단(부단주 신채호, 단원 약 40명)도 결성하였다.

1920년 초 베이징으로 간 신채호는 통일된 군사기관 창설에 본격적으로 나섰다. 1920년 4월에는 이은숙(이회영의 부인)의 소개로 박자혜와 재혼하였다. 1920년 6월경 박용만·문창범·유동열·김영학·고창일 등과 함께 노령露領 쑤이펀허로 가서 독립운동의 방향을 모색하였으나 무위로 끝나고 말았다. 다시 베이징으로 돌아간 신채호는 1920년 9월 박용만·신숙申肅 등 14명과 함께 군사통일촉성회를 발기하여 독립군 통합을 서둘렀다. 군사통일촉성회는 6개월여의 노력을 기울인 결과, 1921년 4월 17일 각단체대표회(4월 19일 군사통일회의로 명명)를 개최할 수 있었다. 군사통일회의에서는 4월 24일 임시정부와 임시의정원 불승인 안을 통과시키고, 이를 임시정부와 임시의정원에 통고하기로 결의하였으며, 반임시정부 선전활동을 하고자 신채호를 주간으로 하여 톈진天津에서 『대동』을 간행하였다.

신채호는 군사통일기관 설립을 촉진하기 위하여 1921년 5월 21일 김정묵金正黙·박봉래朴鳳來 등과 함께 통일책진회統一策進會를 발기하고 「통

신채호와 부인 박자혜

일책진회발기취지서」를 작성·발표하였다. 통일책진회는 외교정치노선을 버리고 군사에 주중注重할 것과, 각지에 산재한 군대를 한 곳에 집중하고, 다수의 군인을 더 초모招募하여 일전一戰을 시試하도록 노력할 것을 역설하면서, ① 진정한 독립정신 하에서 통일적으로 광복운동을 할 일 ② 정부문제를 근본적으로 해결하여 시국을 수습할 일 ③ 군사 각 단체를 완전히 통합하여 혈전血戰을 도圖할 일 등을 3대 주장으로 내세웠다. 여기서 정부문제를 근본적으로 해결한다고 하는 것은 당시의 임시정부를 해체하고 새로운 정부를 수립한다는 의미가 아니라, 임시정부를 해체하는 대신 각 군사단체를 통괄하는 조직을 결성한다는 의미였던 것으로 사료된다.

당시의 많은 독립군 부대들과 독립운동 단체들은 군사통일기관 설립보다는 국민대표회에 깊은 관심을 가지고 있었다. 군사통일회의도 군사통일의 과제보다는 주로 임시정부를 비판·공격하는 데 주력하였다.

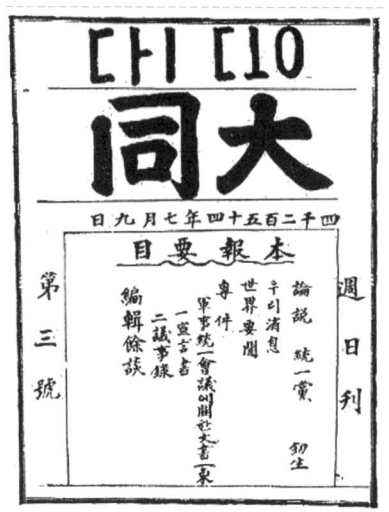
북경군사통일회의 기관지 『대동』 3호(1921. 7. 9)

군사통일회의가 1921년 6월 2일 박용만·신숙·박건병·남공선·김갑 등을 국민대표회주비원으로 선출하는 등 국민대표회 소집에 주력하자, 신채호는 군사통일회의와는 일정한 거리를 두었다. 일반적으로 신채호도 국민대표회 소집운동에 적극 참가하여 '창조파'의 맹장으로서 활동하였다고 하지만, 신채호가 국민대표회의에 참가하여 활동한 자료는 보이지 않는다. 김창숙의 기록에도 신채호는 창조파에 포함되어 있지 않다.

통일책진회 역시 별다른 활동을 전개하지 못하였다. 이에 신채호는 무장투쟁은 자신이 추진할 바가 아니라는 것을 인식하고 독립군에 의한 무장투쟁노선을 포기하였다. 신채호는 「이수상에게 도서열람을 요청하는 편지」에서 "무장단투武裝段鬪란 유생儒生의 능사能事가 아니……라는 것을 비로소 알았으니……전일의 그름은 자인합니다"라고 하면서, 독립군 출신이 아닌 자신으로서는 독립전쟁노선을 계속 견지하기가 어렵다는 심정을 토로하였다. 대신 자신이 1910년대부터 견지해오던 테러에 의한 폭력투쟁노선으로 전환하였다.

한편, 신채호는 1921년 4월 19일 김창숙 등과 함께 「성토문」을 작성·공표하였는데, 이 「성토문」은 이승만·정한경 등의 위임통치 청원을 매국매족 행위로 규정한 뒤 위임통치 청원은 무효라고 주장하면서, 위임통치를 청원한 이승만을 옹호하는 임시정부의 처사까지 비판하였다. 이 「성토문」에는 신채호와 김창숙을 비롯하여 김원봉·남공선·서왈보·오성륜·장건상·이극로 등 54명이 서명하였다.

신채호는 임시정부의 노선을 분쇄하기 위해 투쟁하는 과정에서 이승만의 외교노선이나 안창호의 준비론을 대체할 새로운 방법론으로써 아나키즘에 입각한 민족해방운동론을 모색하기 시작했다. 새로운 모색은 당시 아나키즘을 수용하고 있던 이회영과의 토론을 통해서도 이루어졌다. 이정규의 회고에 의하면, 1920년대 초 신채호와 이회영 등은 자주 회합하여 토론하였다. 이규창도 1921년 무렵에 신채호가 매일 이회영을 방문하여 환담하였던 것으로 회고하였다.

그 과정에서 신채호는 김창숙·이회영 등과 함께 『천고』를 발행하여 아나키즘을 선전하는 한편, 1921년에 아나키스트단체를 조직하여 아나키스트운동을 본격적으로 전개하기 시작하였다. 즉 1921년 지식인들을 중심으로 하여 흑색청년동맹을 국내에 창설하고, 같은 해에 베이징에 지부까지 설치하였던 것이다. 흑색청년동맹의 실체에 대해서 자세한 것은 알 수 없으나, 의열단과 함께 1920년대 초 아나키스트들의 테러활동을 주도하였던 것으로 보인다. 군사통일회의와 통일책진회를 통한 군사통일기관 설립이 지지부진해지자 독립군에 의한 무장투쟁론을 포기한 신채호가 당시 재중국 한국인 아나키스트들이 테러적 직접행동론에 입각하여 활발하게 전개하고 있던 테러활동에 희망을 걸었던 것이다.

이승만의 위임통치를 규탄하는 「성토문」(1921. 4. 19)

민중직접혁명론을 제창하다

1910년대 말에서 1920년대 초 한국인 아나키스트들은 김성도金聖道와 안근생安根生, 의열단 등을 중심으로 테러활동을 매우 활발하게 전개하였다. 장지락張志樂은 1920년대 초를 한국인 아나키스트운동의 전성기로 표현하였다.

3·1운동 이후 김성도 일파와 안근생 일파 등은 쑨원孫文과의 협의하에 일련의 테러계획을 세웠다. 이들은 상하이에서 폭탄공장 건설과 암살활동을 계획하였으며, 안근생은 70만 달러로 다수의 권총을 구입하고, 프랑스 조계의 청두로成都路 모처에 폭렬탄제조소爆裂彈製造所를 설립할 계획을 세우고, 재료를 매입하였다. 이들은 암살단 30명을 조직하여 국

내로 보내어 암살의 목적을 달성하기로 결의하였으며, 이 암살단은 9월 16일과 17일 양일간에 육로로 서울로 출발하기로 하였다. 안근생은 9월 20일 전후에 만주를 향하여 떠나 펑톈을 거쳐 다롄大連에 도착하여, 폭탄 재료 매입과 산둥山東에 있는 동지들과의 연락을 도모하였다.

쑨원과의 연계한 테러활동은 그 이후에도 계속되었다. 쑨원은 광둥廣東에서 중한협회中韓協會가 성립된 이후 신규식 등에게 100여 명으로 암살대를 조직할 것을 명했으며, 필리핀 기술자 1명을 초빙해서 작탄炸彈을 만들고 사용하는 방법을 가르쳤다. 암살대는 대원이 모두 140여 명이었으며, 후베이湖北에 4조, 바오딩保定에 2조, 베이징에 2조, 톈진에 1조가 각각 파견될 예정이었다. 각 조組는 중국인 1명, 한국인 3명으로 이루어져 있었다. 쑨원이 아나키즘적 경향을 띠고 있던 중한협회를 기반으로 하여 암살대를 조직하였으므로, 암살대에 참가하였던 한국인들 중 상당수는 아나키스트였던 것으로 추측된다.

한편, 의열단도 테러활동을 활발하게 전개하였다. 의열단은 1919년 11월 10일 지린吉林에서 김원봉·윤세주尹世冑·이성우李成宇·곽경郭敬·강세우姜世宇·이종암李鍾岩·한봉근韓鳳根·한봉인韓鳳仁·김상윤金相潤·신철휴申喆休·배동선裵東宣·서상락徐相洛 외 1인 등에 의해 결성된 이후, 1920년 3월 곽재기郭在驥 등 16명에 의한 조선총독부 파괴를 기도한 밀양폭탄사건, 1920년 9월 박재혁朴載赫에 의한 부산경찰서 투탄投彈 사건, 1920년 11월 최수봉崔壽鳳에 의한 밀양경찰서 투탄 사건, 1921년 9월 김익상金益相에 의한 조선총독부 투탄 사건, 1922년 3월 김익상·오성륜·이종암 등에 의한 일본군 대장 다나카田中義一 암살저격사건 등을 연이어 전개하

곽재기

박재혁

였다. 이러한 테러활동에는 재중국 한국인 아나키스트들이 관계하고 있었다. 하지만 구체적인 활동은 아직 알려져 있지 않다.

1910년대 말 1920년대 초 한국인들이 테러활동을 활발하게 전개한 것은 민족해방운동이 고양되어 가는 상황 속에서 매국노나 일본제국주의자 그리고 일제의 식민지기관을 암살·파괴함으로써 나라를 잃은 울분을 풀기 위해서이거나, 테러행위를 계속하면 일제가 물러갈 것이라고 소박하게 생각하였기 때문이었다. 한국인들에 의해 행해진 테러의 상당수는 개인적이고 감상적인 차원에서 이루어진 것이었다. 테러활동은 민중들을 각성시키는 데에는 어느 정도 효과가 있었는지 모르지만, 민중들과 점차 격리되어 가는 결과를 초래하였다.

아나키스트들에 의한 테러활동이 활발하게 전개되는 가운데, 1921년 5월 상하이에서는 이동휘 일파에 의해 고려공산당이 결성되어 공산주의 선전작업이 활발히 행해지고, 국내에서는 대중운동이 성장하기 시작했다. 1918년부터 노동자들의 투쟁이 매우 활발하게 전개되기 시작하였다. 노동쟁의 건수는 1917년의 8건에서 1918년 50건, 1919년 84건, 1920년 81건, 1921년 36건으로 급증하였다. 그리고 1921년 9월 부산 부두노동자 5,000여 명의 총파업이 전개되고, 1922년

11월에는 서울 시내 인력거들의 동맹파업 등이 전개되는 등 국내에서 대규모의 대중운동이 흥기하였다. 그러한 과정에서 공산주의가 점차 부각되기 시작하였다.

이후 재중국 한국인 공산주의자들은 코민테른의 테러리즘 반대 방침에 따라 테러행위를 모험주의로 비판하고 나섰다. 1920년대 초 공산주의자가 지도하던 한인학생동맹은 테러활동을 민족해방운동의 주요한 수단으로 설정하고 있던 조선학생회에 맞서 테러활동에 반대하였으며, 7개나 되는 각종 잡지를 발행하여 자신들의 이론과 전술의 정당성을 주장하였다. 거기에다가 다나카 암살저격사건으로 서양인 여자가 희생당하면서 테러활동에 대한 국제적 여론까지 악화되었다.

최수봉

이에 재중국 한국인 아나키스트들은 공산주의자들의 테러적 직접행동론에 대한 비판에 대응하기 위하여 자신들의 논리를 체계화할 필요성을 느꼈다. 즉 공산주의자들의 비판에 대응할 수 있는

김익상

논리정연한 민족해방운동론을 정립할 필요성을 느꼈고, 그것은 철저히 아나키즘에 입각하는 것이어야 했다. 의열단 단장 김원봉은 신채호에게 테러활동을 민족해방운동의 방법론으로 이론화 해줄 것을 요청하였다.

신채호는 1910년대부터 이미 테러활동을 민족해방운동의 주요한 수단으로 채택하였으며, 1921년 무렵에는 군사통일기관 설립이 제대로 추진되지 않자 독립군에 의한 무장투쟁노선을 포기하고 테러에 의한 폭력투쟁노선으로 전환하였다. 이때 마침 김원봉의 요청이 있었고, 이것이 계기가 되어 신채호는 「조선혁명선언」을 작성하기 시작하여 1923년 1월에 발표하였다. 신채호는 자신의 민족해방운동론을 집약한 「조선혁명선언」을 통해 민중직접혁명론을 제창하였다. 그리고 테러적 직접행동론을 민족해방운동의 방법론으로 제시하였다. 민중직접혁명론은 아나키즘에 입각한 민족해방운동론이자 사회혁명론이었다.

　신채호는 「조선혁명선언」에서 "일본 강도정치 곧 이족異族통치가 우리 조선 민족 생존의 적임을 선언하는 동시에, 우리는 혁명수단으로 우리 생존의 적인 강도 일본을 살벌殺伐함이 곧 우리의 정당한 수단임을 선언"하였다. 그것은 한국을 강점한 이후 온갖 수단을 동원하여 한국인을 억압·수탈하고 산송장으로 만들려는 일본을 타도하지 않고는 한국 민족은 생존 자체를 도모하기 어려웠기 때문이다. 그런데 신채호가 일본 제국주의 구축을 주장한 것은 한국 민중을 일제의 강압으로부터 해방시켜 한국 민족의 생존을 유지하기 위한 것이었지, 한국의 독립 즉 민중을 수탈하는 새로운 정부를 수립하기 위한 것이 아니었다. 신채호에게 정부란 민중을 수탈하는 기구에 불과하였다. 1910년대 민족주의를 제창하면서 조국의 독립을 역설하던 신채호는 아나키즘을 수용하면서부터는 국가를 더 이상 언급하지 않고 일제의 식민지배로부터의 민족해방을 강조하였다. 「신대한 창간사」에서 국가의 존재를 무시한 바 있던 신채호는 「조선혁명선언」에서도 국가라는 용어 자체를 거의 사용하지 않는

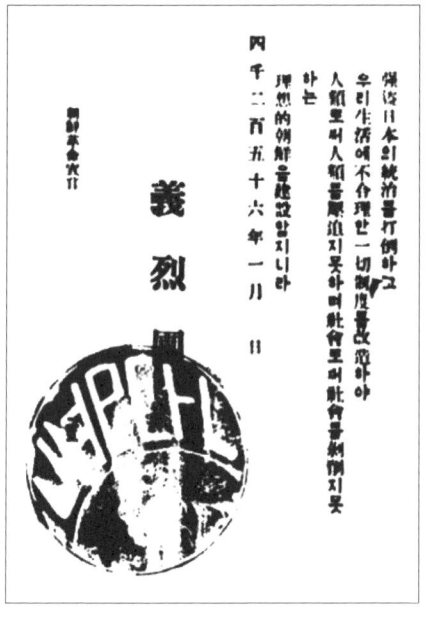

의열단의 이념과 투쟁방략을 제시한 「조선혁명선언」(1923. 1)

등 한국의 독립에 대해서는 언급하지 않은 채 한국 민족의 생존만을 도모하고 있다. 1928년 4월 톈진에서 개최된 재중국 한국인 아나키스트대회가 채택한 「선언」에서도 신채호는 정부를 지배계급이 무산민중으로부터 약탈한 '소득을 분배하려는 곧 인육분장소人肉分臟所'로 묘사하면서, 정부를 파괴해야 한다고 역설하였다. 일제강점기에 국가와 정부의 존재를 부정하는 것은 곧 일본제국주의의 식민지권력을 부정하는 것이었다. 신채호에게는 민족해방운동이 곧 민중해방운동이고 아나키스트운동이었다.

김원봉

　신채호는 민족해방은 혁명에 의해서만 가능한 것으로 보았다. 즉 "조선 민족의 생존을 유지하자면 강도 일본을 구축할지며, 강도 일본을 구축하자면 오직 혁명으로써 할 뿐이니, 혁명이 아니고는 강도 일본을 구축할 방법이 없다"는 것이다. 그는 독립의 방도로 내정독립·참정권·자치·문화운동 등을 주장하는 자들을 '우리의 생존의 적' 강도 일본과 타협하려 하거나 '강도정치하에서 기생하려는 주의를 가진 자'로 보고, 그들을 일제와 함께 타도해야 할 '우리의 적'으로 규정하기까지 하였다. 이어 그는 외교론과 준비론도 비판하였다. 즉 외교론은 2,000만 민중이 힘써 나아가고자 하는 의기를 꺾는 매개일 뿐이고, 준비론은 전혀 실정에 맞지 않는 실현가능성이 없는 일장의 잠꼬대에 불과하다는 것이다.

　신채호가 주장한 혁명은 민중직접혁명이었다. 신채호의 민중직접혁명론은 바로 아나키스트들의 '민중들의 직접행동에 의한 사회혁명론'에 근거하고 있다. 아나키스트들은 전위조직이 혁명을 지도해야 한다는 공산주의자들의 주장을 부정하고, 어느 특정 세력의 지도에 의해서가 아니라 민중들의 직접행동에 의해서 혁명이 일어나야 하며, 그 혁명은 정치혁명을 넘어 사회혁명으로 나아가야 한다는 민중의 직접행동에 의한 사회혁명론을 주장한다. 아나키스트들에 의하면, 혁명은 지식인이나 전위조직에 의해 지도되어서는 안 되며, 오직 민중이 스스로 직접 혁명에 참여해야 한다. 그것은 대의기구나 지식인 그리고 전위조직은 결코 민중의 의사를 대변하지 않으며, 그들이 혁명을 지도하게 되면 비록 혁명이 성공하더라도 또 하나의 권력이 생겨나 민중을 구속한다고 보기 때문이다. 개인의 절대적 자유가 보장되는, 모든 사람이 자유롭게 살 수 있는 사회를 건설하는 것은 민중들이 직접 혁명에 뛰어들어 사회를 변혁시키는 것에 의해서만 가능하며, 민중들의 직접 혁명은 전위의 조직적인 지도가 아니라 선각자들이 직접행동으로 민중을 각성시켜 민중 스스로 혁명에 떨쳐 일어나도록 하는 것에 의해서만 가능하다고 한다.

그리고 아나키스트들은 정치와 정치혁명을 부정하고 사회혁명을 완수해야 한다고 주장한다. 즉 지배권력을 근본적으로 타도하고 지배와 착취가 없는 자유로운 사회를 건설하기 위해서는 정치혁명에서 나아가 사회혁명을 달성해야 한다는 것이다. 그것은 정치혁명은 지배계급의 권력교체에 불과할 뿐이며, 민중해방은 사회혁명에 의해서만 이루어진다고 보기 때문이다. 아나키스트들은 도덕이나 종교 또한 지배계급이 자신의 지배를 합리화하고 민중을 기만하기 위해 만들어 놓은 이데올로기에 불과하고, 가족제도 역시 개인의 자유의사를 구속하는 제도에 불과하다고 본다.

신채호 역시 정치혁명을 부정하였다. 신채호에 의하면, 구시대의 혁명은 인민을 지배하는 특수세력의 명칭을 변경하는 것 즉 권력계급이 교체되는 것에 불과하며, 이러한 정치혁명에 의해서는 민중해방이 결코 이루어질 수 없다. 신채호는 정치혁명과 더불어 일체의 정치를 부정하였다. 즉 소위 정치는 강자의 행복을 증진하여 약자가 다시는 머리를 들지 못하게 하는 그물이라는 것이다. 1928년에 발표한 「선언」에서는 정치를, 야수적 강도들이 민중을 속이어 지배자의 지위를 얻어가지고, 그 약탈행위를 대낮에 조직적으로 행하는 것으로 규정하고, 정부란 것은 약탈한 소득을 분배하는 곳에 불과하다고 주장하였다. 그리고 법률·윤리·도덕 등은 강자들이 자신들의 지위를 영원히 누리기 위하여 만든 도구일 뿐이라 하였다. 따라서 정치는 민중의 생존을 빼앗는 민중의 적이며, 민중이 해방되기 위해서는 정치를 부인하는 소극적인 행위만으로는 안 되며, 혁명을 통해 지배계급을 타도해야 한다고 주장하였다.

신채호는 민중해방을 지향하는 금일의 혁명은 민중직접혁명 즉 민중이 곧 민중 자기를 위하여 하는 혁명으로, 민중의 직접행동에 의해 이루어지는 사회혁명이어야 한다고 주장하였다. 공산주의자들의 전위조직 지도론을 부정한 것이다. 신채호는 공산주의자들의 프롤레타리아국제주의도 부정하였다. 1925년 1월 『동아일보』에 발표한 「낭객의 신년만필」에서 크로포트킨의 「청년에게 고하노라」란 논문의 세례를 받자고 호소하면서, 쁘롤레타리아국제주의에 입각하여 일본의 프롤레타리아와 연합할 것을 주장하는 공산주의자들의 주장에 대해서 반대하였다. 즉 한국인 유산계급이 일본인과 함께 한국 민중을 수탈한다는 것은 맞지만, 일본 무산계급이 한국인과 함께 일제의 식민지지배에 저항한다는 것은 몰상식한 언론이라는 것이다. 그 이유는 "일본인이 아무리 무산자일지라도, 그래도 그 뒤에 일본제국이 있어 위험이 있을까 보호하며 재해에 걸리면 보조하며 자녀가 나면 교육으로 지식을 주도록 하여, 조선의 유산자보다 호강한 생활을 누릴뿐더러, 하물며 조선에 이식한 자는 조선인의 생활을 위협하는 식민植民의 선봉이니, 무산자의 일인日人을 환

『동아일보』 1925년 1월 2일자에 실린 「낭객의 신년만필」

영함이 곧 식민의 선봉을 환영함"이기 때문이라 하였다. 일본 민중, 일본 무산자, 가타야마 센片山潛, 사카이 도시히코堺利彦 등이 "주의를 부르고 강권을 반대하지만," 일본 정부, 집정대신, 통감 이토 히로부미, 군사령관 하세가와長谷川 등과 명사만 바뀌었을 뿐 그 정신은 의구하다는 것이다. 신채호의 '민중'은 억압받는 약자로서의 민중이고, 그래서 일제 식민지 권력의 보호를 받는 일본인은 아무리 그가 무산자라 하더라도 민중이 될 수 없으며 연대의 대상이 될 수 없는 것이었다.

한편, 신채호는 자본주의를 부정하면서, 자본주의사회 건설을 추구하던 민족주의자들에 대해서도 비판적 입장을 취하였다. 1924 무렵 물산장려운동과 민립대설립운동이 좌절되자 민족주의자들 중 상당수는 일제 식민지권력과 일정 부분 타협하는 자치운동으로 돌아섰다. 이에 일제 식민지권력과의 일체의 타협을 거부하는 비타협적 민족주의자들은 새로운 형태의 민족해방운동을 모색하였다. 그러한 상황에서 1926년 9월에 건설된 제3차 조선공산당이 11월 '정우회선언'을 통해 비타협적 민족주의자와의 적극적 제휴, 경제투쟁에서 정치투쟁으로의 방향전환 등을 선언했다. 이를 계기로 공산주의세력과 비타협적 민족주의 세력간의 연합이 추진되었고, 그 결과는 1927년 2월 신간회 결성으로 나타났다. 이로써 국내에서는 좌익과 우익을 아우르는 민족해방운동단체가 결성되었다. 그 과정에서 안재홍으로부터 신간회에 참가해 달라는 요청이 왔다. 이에 신채호는 절절한 논지를 펴면서 이를 거절하였다. 그것은 신채호가 자본주의를 부정하면서 자본주의 사회 건설을 추구하던 민족주의자들에 대해서도 비판적 입장을 취하였기 때문인 것으로 사료된다.

당시 신채호가 펼쳤던 반론의 내용은 알 길이 없지만 당시 아나키스트들의 민족주의에 대한 비판적 입장과 대동소이하였던 것으로 보인다. 일제강점기 한국인 아나키스트들은 식민지 권력과 타협할 수밖에 없는 한국 자본가계급의 취약성을 강조하면서, 민족주의자들을 일본제국주의를 대신하여 권력을 장악하고자 하는 지극히 불순한 세력이라고 비판하였다. 민족주의운동이 독립국가 건설이라는 명분을 내세우는 것은 자본계급이 자신의 지배적·착취적 권력 확립을 위한 운동에 민중을 동원하기 위해서라는 것이다. 따라서 한국인 아나키스트들은 민족해방과 식민지 권력 사이에서 끊임없이 동요하면서 새로운 지배권력을 꿈꾸는 자본가계급과의 연합은 도저히 불가능한 것으로 간주하고, 공산주의자와 민족주의자가 연합하여 신간회를 결성하는 것에 대해 반대하였다.

신채호가 아나키즘을 수용한 1920년대 이후에도 계속 민족해방을 주장한 것은 그가 민족주의자였기 때문이 아니라, 민족해방이 곧 민중해방인 것으로 인식하였기 때문이다. 하지만 신채호는 지기知己였던 홍명희가 참가를 간곡하게 부탁하자 그와의 우의를 저버릴 수 없어 자신을 신간회의 발기인에 포함시키는 것을 결국 허락하였다.

신채호는 민중직접혁명이 성공하기 위한 제일의 전제조건으로 '민중의 각오'를 들었다. 그런데 민중을 각오케 하는 방법은 오직 민중이 민중을 위하여 일체 불평·부자연·불합리한 민중 향상의 장애부터 먼저 타파하는 것이 유일하다고 주장하였다. 즉 선각한 민중이 민중 전체를 위하여 혁명적 선구가 됨이 민중 각오의 제일로第一路란 것이다. 이는 혁명이 성공하기 위해서는 민중이 직접 혁명에 참가할 각오를 해야 하고, 민중으로 하여금 각오하게 하는 방법은 신인·성인·영웅호걸 등의 지도가 아니라, 선각한 민중이 민중 전체를 위하여 혁명적 선구가 되는 것이 유일하다는 것을 의미한다.

이처럼 신채호는 권력계급의 교체에 불과한 정치혁명을 부정하고, 어느 특정세력의 지도에 의해서가 아니라 민중이 민중 자기를 위하여 직접 완수하는 혁명 즉 민중직접혁명에 의해서만 진정한 민중해방이 이루어질 수 있다고 주장하였다. 이는 아나키스트들의 '민중들의 직접행동에 의한 사회혁명론'의 한국적 표현이다.

그러면 신채호는 민중직접혁명을 통해 어떠한 사회를 건설하고자 했을까? 신채호가 혁명으로 일제를 타도하고 민족해방을 완수한 뒤 건설하고자 한 사회는 '고유적 조선의', '자유적 조선 민중의', '민중적 경제의', '민중적 사회의', '민중적 문화의' 한국사회로서, 빈부차별이 없는 평등사회였다. 그는 최근세의 계급전쟁은 노동·자본 양 계급의 전쟁이고, 자본주의의 발전에 따라 노동자와 소자본가는 망할 수밖에 없다고 하면서, 빈부평균적貧富平均的인 이상세계를 건설할 것을 주장했다. 즉 무산계급의 피와 땀을 착취하는 강도에 불과한 자본가계급을 타도하고, 착취가 없는 평등사회를 건설하고자 했던 것이다.

신채호의 빈부평균적 이상세계는 아나키스트사회였다. 그가 건설하고자 한 사회는 "강도 일본의 통치를 타도하고 우리 생활에 불합리한 일체 제도를 개조改造하여, 인류로써 인류를 압박지 못하며, 사회로써 사회를 박삭剝削치 못하는 이상적 조선"이었다. 그러한 한국사회는 "민중이 열망하는 자유·평등의 생존을 얻어 무산계급의 진정한 해방을 이루는" 사회였다. 즉 종교·도덕·정치·법률·학교·교과서·교당·정부·관청·공해公廨·은행·회사 등과 같이 지배계급이 민중들을 억압하거나 민중들을 속여 자신들의 지배에 복종시키고 혁명을 소멸시키기 위하여 이용하는 지배계급의 일체의 지배기관이나 수단은 파괴되고, 지배계급이 제정한 일체의 사회제도도 철폐되어 존재하지 않으며, 사유재산제도 부정되고 모든 재화의 공유제가 실시되어 일체의 착취가 없는 사회였다. 결국 신채호가 건설하고자 한 사회는 일체의 지배계급과 지배도구가 없는 자유롭고 평등한 사회, 그리고 민중의 풍요로운 생활이 보장되는 사회였다. 즉 능력에 따라 일하고 필요에 따라 분배받는 아나코코뮤니스트사회였다.

그런데 신채호는 이상사회 건설에 앞서 민중을 수탈·억압하는 지배계급과 제반 지배도구를 먼저 파괴할 것을 주장했다. 신채호는 "혁명의 길은 파괴부터 개척할지니라. 그러나 파괴만 하려고 파괴하는 것이 아니라, 건설하려고 파괴하는 것이니, 만일 건설할 줄을 모르면 파괴할 줄도 모를지며, 파괴할 줄을 모르면 건설할 줄도 모를지니라. 건설과 파괴가 다만 형식상에서 보아 구별될 뿐이요, 정신상에서는 파괴가 곧 건설"이라고 주장하면서, "이제 파괴와 건설이 하나이요 둘이 아닌 줄 알진대, 민중적 파괴 앞에는 반드시 민중적 건설이 있는 줄 알진대, 현재 조선 민중은 오직 민중적 폭력으로 신조선 건설의 장애인 강도 일본 세력을 파괴할 것뿐인 줄 알진대, 조선 민중이 한편이 되고 일본 강도가 한편이 되어, 네가 망하지 아니하면 내가 망하게 된 '외나무다리 위'에 선 줄을 알진대, 우리 이천만 민중은 일치一致로 폭력·파괴의 길로 나아"가야 한다고 역설하였다. '파괴가 곧 건설'이라는 명제는 러시아의 대표적 아나키스트 바쿠닌이 주창한 이후 아나키스트들의 구호가 되었는데, 그것이 함축하는 의미는 모든 불합리하고 비인간적이며 비과학적인 기존의 전통적 제도와 관습을 모두 파괴하여야만 새로운 합리적이고 인간적이며 과학적인 제도를 건설할 수 있다는 것이다.

한국 민족이 해방되어 자유로운 사회를 건설하기 위해 먼저 파괴해야 할 대상으로 신채호는 다른 민족의 통치, 특권계급, 경제약탈제도, 사회적 불평균, 노예적 문화사상 등을 선정하였다. 그것은 다른 민족의 지배하에 있는 한 고유한 한국을 건설할 수 없으며, 특권계급이 존재하는 한 한국 민중은 자유로울 수 없고, 경제약탈제도가 존재하는 한 민중의 생활은 보장될 수 없으며, 사회적 불평균이 존속하는 한 민중 전체의 행복은 증진될 수 없고, 전래되어 오는 문화사상의 종교·윤리·문학·미술·풍속·습관 등은 모두 강자를 옹호하는 것이라고 생각하였기 때문이다.

일제의 식민지통치체제와 지배계급의 수탈체제를 파괴하고 혁명을 성공시키는 것은 민중의 폭력혁명에 의해서만 가능한 것으로 신채호는 파악했다. 신채호는 민족해방은 테러나 폭동과 같은 직접행동을 통해 민중을 각성시키고, 그들을 혁명대열에 참가케 하는 것에 의해서만 가능하며, 혁명이 성공하기 위해서는 두 가지의 요소 즉 '민중'과 '폭력'이 결합되어야만 하는 것으로 보았다. 그리고 대중투쟁이 아무리 대규모로 전개되더라도 폭력이 수반되지 않으면 그 투쟁은 결코 성공할 수 없으며, 아무리 격렬한 투쟁을 전개하더라도 민중이 대규모로 참가하지 않으면 그 투쟁 또한 성공할 수 없다고 하였다. 즉 '혁명의 대본영'인 민중이 전개하는 폭력투쟁만이 혁명을 성공시킬 수 있다는 것이다.

신채호는 폭력의 목적물로 ① 조선총독과 각 관공리官公吏 ② 일본 천황과 각 관공리 ③ 정탐노偵探奴·매국적賣國賊 ④ 적의 일체 시설물 이외에 민족해방운동을 완화緩和하고 중상中傷하는 각 지방의 신사나 부호, 일본 강도정치의 기계가 되어 한국 민족의 생존을 위협하는 일본인 이주민 등을 규정하였다. 그리고 암살과 파괴 등 테러와 폭동 등을 폭력수단으로 규정하고, 독립군에 의한 독립전쟁 혹은 무장투쟁은 폭력수단에

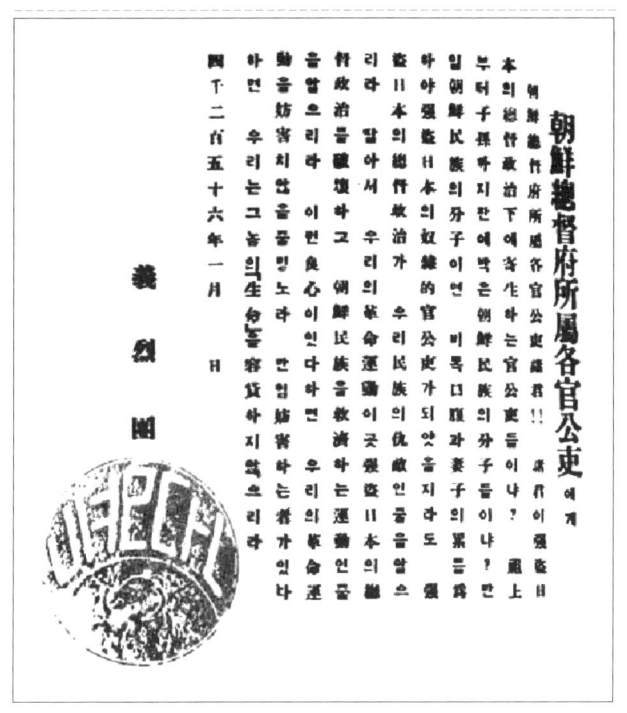

의열단이 「조선총독부소속 각 관공리에게」 보낸 경고문(1923. 1)

서 제외시켰다. 1910년대부터 암살활동을 민족해방운동의 수단으로 인정하던 신채호는 아나키즘을 수용하면서 테러적 직접행동을 더욱 강조하였다. 「신대한 창간사」와 「천고 창간사」에서 테러적 직접행동을 민족해방운동의 주요한 수단으로 제시하였던 신채호는 「조선혁명선언」에서 테러적 직접행동론을 민족해방운동의 방법론으로 제시하였다. 즉 "폭력은 우리 혁명의 유일 무기이다. 우리는 민중 속에 가서 민중과 손을 잡아 끊이지 않는 폭력-암살, 파괴, 폭동으로써 강도 일본의 통치를 타도"

해야 한다고 역설하였다. 즉 일제 구축과 민중해방 곧 민중직접혁명은 군사를 기르거나 신문·잡지 등을 통한 선전활동의 방법에 의해서가 아니라, 민중의 직접행동 곧 암살·파괴·폭동 등을 통해서만 달성될 수 있다는 것이다. 다시 말하면 사회혁명은 민중의 폭력적 혁명 즉 테러행위를 통해 각성된 민중들의 집단적인 봉기나 폭동에 의해서만 가능하다는 것이다. 이는 적의 요인이나 적의 기관에 대한 암살·파괴 활동이 일제의 식민지 통치구조에 파열구를 낼 뿐 아니라, 민중들의 독립의식과 해방의지를 자극하여, 민중들 스스로 봉기·폭동 등을 일으키도록 만든다고 하는 테러의 선전수단으로서의 역할을 강조한 것이다. 이러한 봉기·폭동 등과 같은 민중들의 직접행동이 계속해서 일어나서 모든 민중이 참가하게 되면, 결국 일제의 식민지 권력과 자본주의 사회는 타도된다는 것이다.

「조선혁명선언」에서 테러적 직접행동론이 체계화되면서 테러활동은 단지 복수적 감정에서 매국노나 일본제국주의자들을 처단하던 차원에서 벗어나, 민족해방운동의 주요한 수단으로 자리잡았다. 신채호의 테러적 직접행동론은 일제강점기 한국인 아나키스트의 가장 주요한 투쟁방법론 중의 하나로 되었다. 이후 의열단의 활동분자들은 「조선혁명선언」을 항상 휴대하였다.

신채호는 테러적 직접행동론의 정당성을 '이해론利害論'에서 구하였다. 그는 천하의 일에 대한 비평은 시비가 아닌 이해의 관점에서 행해져야 한다면서, 이 세상에서 살아남자면 없는 시비를 가리지 말고 오직 이해를 위하여 활동해야 한다고 주장하였다. "칼을 가지고 살육을 부름이 우리에게 이체하거든 이대로 하며, …… 폭동·암살로 선봉을 삼아 적의 치안을 흔듦이 이체하거든 폭동·암살로 일"해야 한다는 것이다. 즉 민족해방을 위하여 행해지는 살육·암살·폭동 등은 정당하다는 것이다. 그리고 도적질이나 살인이라 할지라도 그것이 국가를 위해 행하는 행동이라면 모두가 다 도덕이라 하였다.

신채호의 암살을 정당화하는 논리는 "목적이 정당하다면 어떠한 수단을 사용하더라도 정당하다"고 하면서 테러를 정당화하는 아나키스트들의 논리와 일맥상통한다. 신채호의 이러한 인식은 그로 하여금 1928년 외국환 위조사건에 아무런 양심상의 거리낌 없이 참가하게끔 하였던 것으로 보인다. 실제로 신채호는 옳은 일을 수행하기 위해 행하는 사기는 정당하다고 주장하였다. 그는 1929년 2월 7일 다롄大連 지방법원에서 개정된 외국환 위조사건 제2회 공판에서 "사기를 나쁘다고 생각하지 않나"라는 주심 아즈미安住 재판장의 질문에 "우리 ○○가 ○○를 ○○하기 위하여 취하는 수단은 모두 정당한 것이니, 사기가 아니며 …… 할지라도 양심에 부끄러움이나 거리낌이 없소"라고 대답하였다.

하지만 신채호가 모든 살육·암살·폭동을 정당화한 것은 결코 아니다. 즉 "생존을 유지하기 위하여 시비는 묻지 않고 이해만 볼진대, 매국자도 일신의 생존을 위함이며, 정탐노도 일신의 생존을 위함이니, 이도 죄가 없다 할까. 아니라. 아니라. 나의 이른바 생존은 개신個身의 생존이 아니라 전체의 생존"이라 하여, 민족 전체가 아니라 개인의 생존이나 영리만을 추구하는 행위에 대해서는 그 정당성을 부여하지 않았다.

신채호가 「조선혁명선언」에서 테러적 직접행동론을 한국 민족해방운

신채호 공판기사(『동아일보』 1928. 7. 20)

동의 방법론으로 제시한 뒤, 재중국 한국인 아나키스트들은 1936년 '민족전선론'을 제기하면서 아나키즘 본령에서 일탈하기 전까지 테러적 직접행동론을 자신들의 가장 주요한 민족해방운동 방법론 중의 하나로 채택하였다. 이는 일제강점기 한국인 아나키즘의 특징 중의 하나이다. 당시 국제 아나키스트운동계가 테러리즘의 폐해를 지적하고 '사실에 의한 선전'을 폐기하였다. '사실에 의한 선전'을 제일 먼저 제창한 크로포트킨은 나중에 자기의 잘못을 고백하고 '사실에 의한 선전'의 불모성을 인정하였다. 1890년 그는 "몇 파운드의 폭발물을 가지고 착취자들의 동맹을 쳐부술 수 있다고 하는 환상"을 경계하면서, 직접행동을 테러 등의 파괴행위와 동일시하는 것에 대해 반대하였다.

하지만 일제강점기 재중국 한국인 아나키스트들이 당시 처한 상황은 좀 달랐다. 재중국 한국인 아나키스트들이 테러적 직접행동론을 주요한 민족해방운동 방법론 중의 하나로 채택한 것은 그들이 취할 수 있었던 수단이 테러밖에 없었기 때문이다. 영토와 국민을 상실한 재중국 한국인 아나키스트들은 직접 조직할 수 있는 노동자나 농민 등을 가지고 있지 못했다. 당시 중국에는 한국인들이 망명 내지 이주해 있었지만, 일본이나 연해주와는 달리 그 수가 극소수였던 것이다. 그들을 기반으로 민족해방운동을 전개하기는 어려웠다. 그들에게는 테러 등을 통해서 본국에 있는 민중들을 각성시켜 혁명에 나서도록 하는 길이 유일하다시피 했다. 그리하여 재중국 한국인 아나키스트들은 국제적으로 수명이 다하여 소멸되어 가고 있던 테러적 직접행동에 매달릴 수밖에 없었고, 그것을 이론화 한 것이 바로 신채호의 민중직접혁명론인 것이다.

05 아나키스트로서
   민족해방운동을 전개하다

자유 의지를 실천에 옮길 방도를 모색하다

신채호는 생활상의 곤란으로 대표적 중국 아나키스트 리스쩡李石曾의 소개를 받아 1924년 3월 10일 관인사觀音寺에 들어가 일시 승려 생활을 하였다. 그는 48일간의 고행의 형식을 밟아 정식으로 승려가 되었다. 신채호가 관인사에 거주하는 동안에 재중국 한국인 아나키스트들이 재중국조선무정부주의자연맹을 조직하였다. 하지만 신채호는 여기에 참가하지 않았다.

 신채호가 재중국조선무정부주의자연맹에 참가하지 않은 것은 재중국조선무정부주의자연맹을 건설한 사람들과는 다른 노선을 걷고 있었기 때문이었던 것으로 보인다. 즉 재중국조선무정부주의자연맹은 이회영·이정규·이을규·백정기·정화암 등에 의하여 결성되었는데, 그들은 대부분이 중국 아나키스트와의 협력하에 이상촌건설운동을 전개하던 아나키스트들이었으며, 신채호는 그들과는 방법론을 달리하면서 테러활

백정기　　　　　　　이을규　　　　　　　정화암

동을 강조하고 있었다. 신채호는 이규준李圭駿·이규학李圭鶴·이성춘李性春 등이 류자명과 상의하여 1923년경에 조직한 다물단에 관계하였다. 다물단의 테러활동에는 직접 참가하지 않았지만,「다물단선언」을 작성하는 등 다물단을 정신적으로 지도하였다.

관인사에서 승려 생활을 하면서 자신의 일생을 뒤돌아본 신채호는 자신의 이념을 실현할 수 있는 실천방안을 모색하기 시작했다. 1년에도 미치지 못하는 승려생활을 청산하고 1924년 말 관인사에서 나와 환속하였다. 신채호는 이회영의 동생 이호영의 집에서 하숙하면서『동아일보』에 투고하는 한편, 1925년 무렵부터 "주의主義의 간판을 붙이며 자유·개조·혁명의 명사名詞 외우는 형식적 인물"이 아닌 "주의대로 명사대로 혈전血戰하는 정신적 인물"의 존재를 강조하거나(「낭객의 신년만필」), 불만의 현실을 도피하거나 굴복하지 말고 맞서 싸울 것을 주장하였다.(「대흑호大黑虎의 일석담一夕談」)

신채호는 문필활동을 통해 아나키즘 선전작업도 전개했다. 1928년 1월 1일자 『조선일보』에 「예언가가 본 무진戊辰」이라는 제목의 논설을 발표하여, 예언가의 말을 통해 고통에 찬 현실을 극복하고 희망찬 미래로 나아갈 것을 강조하였다. 그리고 소설 『용과 용의 대격전』을 통해 민중들을 억압하는 종교·도덕·정치·법률·학교·교과서·교당·정부·관청·공해公廨·은행·회사 등의 지배계급의 일체의 지배기관이나 수단을 파괴하고, 지배계급이 제정한 일체의 사회제도도 철폐할 것이며, 모든 재화를 공유하여 일체의 착취가 없는 사회를 건설할 것을 주장하였다.

무정부주의동방연맹을 결성하다

신채호는 아나키즘을 실현하기 위한 행동의 하나로 동아시아의 국제아나키스트단체 결성에 나섰다. 동아시아 아나키스트들의 국제적 연대는 1921년부터 시작되었는데, 동아시아 아나키스트들의 국제적 연대를 제일 먼저 모색했던 인물은 일본 아나키스트 오스기 사카에大杉榮였다. 오스기 사카에는 동아시아 아나키스트들 사이의 긴밀한 제휴와 공동 조직의 필요성을 느끼고, 1921년 상하이로 가서 중국 아나키스트들과 국제적 연대조직을 결성하는 문제에 대해 논의하였다. 오스기 사카에의 주도하에 중국·인도·일본·한국의 아나키스트들이 협의하여 상하이에서 동아무정부주의자동맹회를 결성하기로 결정하고 준비작업에 착수하였으며, 그 결과 동방무정부주의자동맹이 결성되었다. 1923년에는 광둥에서 남양南洋 지역으로 가서 활동하던 아이전愛眞과 이유一余 등에 의해 페낭Penang지부가 설립되었다. 하지만 1923년 관동대지진 당시 오스기 사카에가 살해되면서 동방무정부주의자동맹은 유명무실한 존재가 되었으나, 이후 중국 아나키스트들을 중심으로 국제적 연대조직을 결성하기 위한 노력은 계속되었다. 그 결과 1926년 여름에 국제적 연대조직을 결성하기 위한 준비회가 조직되어 활동을 개시하였다. 이와사사쿠타로岩佐作太郎는 동아무정부주의자대동맹을 조직할 기반을 닦기 위하여 취안저우泉州에서의 혁명근거지 건설에 참가하였으며, 류기석은 국제적 연대조직의 필요성을 역설하면서, 민종사民鐘社·민중사民衆社·조선흑치단朝鮮黑幟團이 발기인이 되어 아나키스트들의 중국대회(동아무정부주의자대연맹을 결성하기 위한 동아대회 이전의 예비대회)를 개최할 것을 제의하였으며, 아울러 동아시아 아나키스트들이 마땅히 주의해야 할 문제와 대회상에서 마땅히 토론해야 할 문제 및 주비상籌備上의 대체적인 계획을 제시하였다.

신채호는 1926년 여름 무정부주의동방연맹 결성 준비모임에 참가하였다. 그리고 중국인 슈지안黍健의 발의로 1927년 9월 베이징에서 한국·일본·중국·대만·안남·인도 등 6국 대표자 120여 명이 참여한 가운데 무정부주의동방연맹 창립대회가 개최되자, 이필현과 함께 한국인 아나키스트 대표로 이 대회에 참가하였다. 무정부주의동방연맹은 동아시아 국가들의 국체를 변혁하여 사유재산제도를 부인하는 동시에 자유노동사회를 건설하는 것을 목적으로 하였다. 창립대회는 각각 자국으로 돌아가 서로 연락하면서 목적을 달성하기 위해 노력할 것과 본부를 상하이에 설치할 것 등을 결정하였다. 신채호가 무정부주의동방연맹 결성에 참가한 것은 동아시아 국가들의 국체를 변혁하여 모든 사람이 자유롭게 잘사는 사회를 건설할 목적에서였다.

1928년 4월 신채호는 무정부주의동방연맹 창립대회의 결정을 실천에 옮기기 위한 방도의 하나로 재중국 한국인 아나키스트들의 역량을 한군데로 모으고자 하였고, 이를 위해 톈진에서 한국인 아나키스트대회를 개최하였다. 이 대회는 신채호가 작성한 「선언문」을 채택하였는데, 신채호는 이 선언문에서 "야수적 강도들이 …… 맨처음에 교활하게 자유평등의 사회에서 사는 우리 민중을 속이어 지배자의 지위를 얻어 가지고, 그 약탈행위를 조직적으로 백주에 행하려는 소위 정치를 만들며, 약탈의 소득을 분배하려는 곧 '인육분장소'인 소위 정부를 두며, 그리고 영원 무궁히 그 지위를 누리려 하여 반대하려는 민중을 제재하는 소위 법률, 형법 등 부어터진 조문을 제정하며, 민중의 노예적 복종을 시키려는 소위 명분, 논리 등 민동이 같은 도덕률道德律을 조작하였다"고 주장하면서, "민중이 왕왕 그 약탈에 견딜 수 없어 반항적 혁명을 행한 때 많았지만, 마침내 몇몇 교활한狡猾漢에게 속아 다시 그 강도적 지배자의 지위를 허여許與"한 것을 다수의 민중이 소수의 야수들에게 유린당하여 온 원인으로 규정하였다. 나아가 경찰·군대·황실·은행·회사 등과 같은 지배계급의 지배도구인 정부를 파괴하고, "민중이 열망하는 자유·평등의 생존을 얻어 무산계급의 진정한 해방을 이루는" 사회를 건설할 것을 주장했다.

한국인 아나키스트대회는 아나키즘을 선전하고 적의 기관을 파괴할 것을 결의하였다. 즉 베이징 교외에 폭탄과 총기공장을 건설하고, 러시아·독일인 폭탄제조기사를 초빙하여 폭탄과 총기를 제조하고, 이를 각국으로 보내어 대관 암살과 대건물을 파괴하는 한편, 선전기관을 설치하고 선전문을 인쇄하여 세계 각국에 배부·발송하기로 결정하였다.

하지만 이 사업에 소요될 자금을 어떻게 조달할 것인가 하는 문제가 대두되었다. 신채호는 무정부주의동방연맹의 운영자금과 기관지 발행에 소요되는 자금을 확보하기 위하여 외국환 위조를 시도하였다. 당시 베이징우무郵務관리국에 근무하

뤼순감옥 시절의 신채호

던 대만臺灣인 아나키스트 린빙원林炳文으로 하여금 수만 원의 외국환을 위조하여 우체국에 저축케 한 뒤, 중국·관동주關東州·한국·대만·일본 등지에서 현금으로 인출한다는 계획을 세웠다.

4월 23일 타이베이臺北우편국에 베이징北京 화베이華北물산공사에서 발행한 유문상劉文祥(호 맹원孟源) 앞의 외국환 2,000원이 도착했고, 24일에는 신쥬국新竹局에도 유문상 앞의 위조 외국환 2,000원이 도착했다. 그 후 지룽基隆, 타이종臺中, 타이난臺南, 가오슝高雄 각 국局에 화베이물산공사 혹은 린빙원이 발행한 위조 외국환이 도착했는데, 금액이 만원에 달하였다. 린빙원이 다롄과 뤼순旅順에서 4천 원을 인출하여 한국으로 향하였으나, 이같은 사실이 발각되어 1928년 4월 27일 체포되었다. 이러한 사실을 모른 채, 신채호는 중국인 행세를 하면서 일본 고베神戶를 거쳐 모지門司에서 대만행 배를 탔다. 1928년 5월 8일 타이완 지룽우편국에서

뤼순일아감옥구지(旅順日俄監獄舊址, 뤼순감옥)

유문상이란 이름으로 위조 외국환에 서명날인하고 현금 2,000원을 인출하려다가, 신고를 받고 기다리고 있던 지룽서 형사에 의해 체포되었다. 린빙원 체포로 계획이 사전에 발각되었던 것이다. 이 사건으로 체포된 사람은 이필현李弼鉉‚ 李志永 · 이종원李鍾元 · 린빙원 · 양지칭楊吉慶(중국인) 등 5명이었다. 린빙원은 1928년 8월 옥사하였고, 이필현은 사형을, 이종원은 무기징역을 언도받았으며, 양지칭은 증거불충분으로 석방되었다. 신채호는 5월 말에 다롄으로 호송되어 4차례의 공판을 거쳐 10년형을 선고받았다.

신채호 등이 체포되면서 무정부주의동방연맹의 활동은 위축되었다.

이를 재정비하기 위하여 다시 연맹조직준비회가 꾸려졌다. 연맹조직준비회는 동방아나키스트대회를 계획하면서 국내와 재일본 한국인 아나키스트들에게도 대표 파견을 의뢰하였으며, 국내와 재일본 한국인 아나키스트계에서는 대표를 선정하여 파견하였다. 연맹조직준비회는 1928년 6월 14일 상하이 리메이李梅로 화광의원華光醫院에서 한국인 류기석·이정규, 일본인 아카카와 하루키赤川啓來, 친시통秦希同, 중국인 마오이뽀毛一波·덩멍시안鄧夢仙·이지치易子墀·우커강吳克剛 외 수명이 회합하여 일본제국의 국체 변혁(아나키즘 실현 즉 권력 부인)을 목적으로 하여 동방무정부주의자연맹을 조직하기로 하였다. 같은 날 중국·안남·인도·필리핀·한국 등과 그 외 5개국 지역의 유지 대표를 소집하여 동방아나키스트대회를 개최하였으며, 동 대회에 출석한 백수십 명의 각국 유지로 동방무정부주의자연맹을 정식으로 결성하였다. 이정규, 류기석, 아카카와 하루키, 마오이뽀·우커강·덩멍시안, 하워드(미국인) 등이 동방무정부주의자연맹의 서기부 위원으로 선출되었다. 기타 연맹원으로는 일본인 무라니武良二·시로야마 모白山某, 중국인 천춘페이陳春培·지앙종구오姜種(?)國·탕반안唐頒安·장산린張禪林·루지안뽀盧劍波·친왕산秦望山, 한국인 이을규·류자명·백정기·정화암·유림·이석규李錫奎 등이 있었다.

06 글을 마치며

영원한 자유인으로 남다

신채호는 1880년 12월 8일 대전광역시 어남동 도리미 마을에서 몰락한 양반의 자식으로 태어났다. 그는 어려서부터 할아버지 밑에서 한학을 배우면서 유교적 교양을 쌓았다. 아홉 살에 『자치통감』 전체를 해독할 정도로 지혜가 뛰어나 신동이란 소리를 들었으며, 문학적 재능도 뛰어나 한시를 곧잘 짓곤 했다. 그는 자의식이 매우 강하여 자신이 옳다고 여기면 자신의 주장을 결코 굽히지 않았다. 남에게 고개 숙이는 것이 싫어 똑바로 서서 세수한 일화는 신채호의 자의식이 얼마나 강하였는지를 대변해준다.

열다섯 살에 갑오농민전쟁을 목격한 신채호는 1898년 가을에 신기선의 추천으로 성균관에 입학하였다. 성균관에서 서구 근대사상을 접한 신채호는 사회진화론을 수용하고 독립협회에 참가하여 자강운동에 뛰어들었다. 신채호는 자강운동을 통해 조국근대화를 모색하면서 고향으로 내려가 교육활동을 전개하였다. 이때 한문무용론을 제기하여 향리 유생들로부터 배척당하기도 했다. 1905년 4월에 성균관 박사에 임명되었으나, 다음날 사임하고 고향에서 계속 교육활동에 종사했다.

향리를 들린 장지연의 제의로 황성신문사에 입사한 신채호는 『황성신문』 주필로서 언론활동을 벌여 나갔다. 장지연의 논설 「이날을 목 놓아 통곡한다」로 인해 『황성신문』이 정간된 이후에도 계속되는 일제의 탄압으로 신채호는 황성신문사를 그만두었다가 1907년 11월 대한매일신보사에 입사하여 박은식을 대신하여 『대한매일신보』 주필이 되어 언론자강운동을 전개했다. 1907년 1월 대구에서 국채보상운동이 일어나자 신채호는 여기에 가담하는 한편, 대한자강회, 대한협회, 기호흥학회 등 학회에 가입하여 자강운동을 전개했으며, 1907년 9월 신민회가 결성되자 여기에도 적극적으로 참여하였다.

1907년 고종 퇴위, 정미조약 체결, 군대 해산 등 사실상의 망국사태가 도래하자, 신채호는 제국주의의 침략에 맞서기 위한 반제국주의 사고체계를 모색하였다. 영웅만이 망해가는 나라를 위기에서 구할 수 있다고 보고 영웅의 출현을 고대하는 한편, 애국을 강조하면서 국가주의를 제창하였다. 군주보다 국가를 우선시하고, 가족적 관념에서 벗어나 국가의 관점을 취할 것을 역설했다. 나아가 민족에 대한 이해가 깊어지고 인민이 주권을 가진 국가만이 진정한 국가임을 이해하게 되면서, 신채호는 영웅주의적 국가관에서 벗어나 인민주권의 공화제에 도달하였다. 국가흥망의 책임은 영웅이 아니라 민족 전체에게 있다는 인식을 하게 되고, 이러한 인식을 바탕으로 민족주의를 제창하였다. 제국주의의 침략에 대항하기 위해서는 민족주의를 취해야 한다고 역설하면서, 동양주의와 세계주의를 비판했다.

당시 많은 지식인들은 민족주의를 취했는데, 민족주의는 사회진화론을 기반으로 하고 있었다. 사회진화론을 수용하는 입장의 차이에 따라 민족주의는 두 입장으로 나뉘었다. 신채호는 독립이 선차적임을 주장하는 독립우선론의 입장에서 당장의 독립보다는 독립할 수 있는 실력을 갖추는 것이 급하다는 선실양성론자들을 비판하였다. 실력이 독립의 하나의 요소는 될 수 있을지는 몰라도 실력 여부가 독립의 전제가 될 수 없다는 것이다. 오히려 독립이 실력양성의 전제가 된다고 주장했다.

1910년에 들어 국망이 목전에 닥치자 신채호는 신민회의 결정에 따라 해외로 망명하였다. 중국 칭다오에 모인 신민회 회원들은 신한민촌과 무관학교 건설에 주력하기로 결정하고 연해주로 향하였다. 블라디보스토크에 도착하여 칭다오 회의 결정을 실천에 옮기기 위하여 준비하던 중 국망의 소식이 들려왔다. 이에 무관학교 건설보다는 당장 독립군을 조직하여 국내로 진공하기로 결정하였으나, 이마저 실패로 끝나고 말았다.

독립군기지 건설이 좌절된 뒤 신채호는 연해주에 머물면서 광복회와 권업회 등의 단체를 결성하여 민족해방운동을 전개했다. 신채호는 권업회에서 평의원으로 선임되었는데, 권업회와 청년근업회가 통합된 뒤 신문부장에 선임되어 주필을 겸하였다. 이에 앞서 신채호는 『대양보』의 주필로서 배일기사를 통해 연해주에 거주하는 한국인들의 민족의식을 고취하는 등 언론활동을 전개했다. 『대양보』를 이어 『권업신문』이 발행되자 그 주필로서 활동하였지만, 민족해방운동 세력의 파벌싸움으로 권업회가 내분에 휩싸이자, 이에 실망하여 권업신문사를 그만두고 만주를 거쳐 중국 상하이로 향하였다.

1913년 8월에 상하이에 도착한 신채호는 신규식이 조직한 동제사에 참가하여 중견 간부로서 활동하였다. 그리고 박달학원에도 교수로 재직하면서 동포 자녀들의 독립의식을 고취하였다. 1914년에는 윤세복의 초청으로 환런현으로 가서 동창학교에서 학생들에게 국사를 가르쳤다. 이때 만주에 흩어져 있는 고대 유적지를 답사하기도 했다.

1915년에 다시 베이징으로 간 신채호는 문필활동을 이어갔다. 1916년 3월에 『꿈하늘』을 저술하였는데, 이 소설에서 외교독립론과 실력양성론을 비판하고, 암살행위를 민족해방운동의 한 수단으로 설정하였다.

이처럼 1910년대에 신채호가 전개한 민족해방운동은 민족주의에 의거하였다. 그의 민족주의는 제국주의의 침략에 대항하고 독립국가를 건설하고자 하는 이념으로 제창되었다. 하지만 민족주의가 제국주의 이데올로기로 기능하던 사회진화론에 근거하고 있어서 반제국주의 사고체계로서는 일정한 문제를 안고 있었다.

신채호는 민족해방운동의 또 하나의 수단으로써 역사연구에 집중하였다. 즉 단지 과거 그 자체를 연구하기 위해서라기보다는 현실의 문제 즉 일제의 식민지 지배로부터의 해방이라는 민족적 과제를 해결하기 위해 역사를 연구하였던 것이다. 그에게는 역사를 버리고는 국맥國脈을 보유할 길이 없었다. 한말 각종 논설을 통해 역사가 애국심의 원천이라면서 역사연구의 중요성을 지적해오던 신채호는 1908년 「독사신론」을 통해 당시 학부가 펴낸 국사교과서의 오류를 지적하고 우리나라 근대 역사학의 체계를 세웠다. 그리고 김부식을 대표적인 사대주의 역사가로 꼽으면서, 우리나라 고대사 연구의 새로운 방향과 관점을 제시하였다.

신채호는 1910년대에도 민족해방운동을 고무하기 위해 역사연구를 계속했다. 1914년 동창학교에서 학생들에게 국사를 가르치면서 이 학교의 국사교과서로 『조선사』를 집필하는 한편, 우리 민족의 고대사를 재정립하기 위해 고조선·고구려·발해의 옛 땅인 남만주 일대와 백두산을 답사하였다. 이후에도 신채호는 기회가 있을 때마다 고구려·발해 유적지를 답사였는데, 이 지역을 답사하는 과정에서 보고 들은 것을 기반으로 「조선사통론」, 「문화편」, 「사상변천편」, 「강역고」, 「인물고」 등을 집필하였다. 1931년에 『조선일보』에 게재된 「조선사」(「조선사통론」)와 「조선상고문화사」(「문화편」)가 이들 원고의 일부가 아닌가 여겨진다.

1921년 무렵에는 이들 원고를 출판하기로 홍명희와 협의하고, 베이징 도시관 소장 중국 측 사서 등을 열람하여 부족한 자료문제를 보완하면서 이들 원고에 대한 수정작업에 들어갔다. 「조선사통론」은 수정을 마쳤으나, 출판작업이 지지부진해지면서 다른 원고에 대한 수정작업은 이루어지지 않았던 것으로 보인다. 이후 「이두문 명사 해석」, 「고사상 동서양자 바뀐 실증」, 「『삼국지』 동이열전 교정」, 「평양 패수고」, 「전후 삼한고」, 「조선 역사상 일천년래 제일대사건」 등을 집필하였다. 이 논문들은 수정한 뒤 출판하고자 하는 신채호의 뜻과는 관계없이 1930년 『조선사연구초』라는 제목으로 간행되었다. 1926년 이후에는 「부㕕를 수㕕한 차대왕次大王」, 「고구려와 신라 건국 연대에 대하여」, 「조선사 정리에 대한 사의私疑」, 「연개소문의 사년死年」, 「조선민족의 전성시대」 등을 발표하거나 집필하였다. 나아가 자신이 집필한 저술들을 아나키즘에 입각하여 수정·보완하고자 하였다. 즉 인민들의 생활상태 등을 보충하고자 한 것이다. 그러나 눈이 나빠져 그러한 작업을 진행하지 못한 채 발표하기도 했다.

3·1운동 이후 중국 상하이에서 대한민국임시정부가 수립될 때, 신채호도 그 과정에 참가하였다. 하지만 임시정부가 민족해방운동의 방법론으로 외교론을 견지하고, 미국에 위임통치를 청원한 이승만을 대통령으로 선출하자 신채호는 임시정부를 박차고 나와 반임시정부 활동을 전개했다.

신채호는 반임시정부 활동의 하나로 『신대한』을 창간하였다. 『신대한』에서 자치론과 참정권운동을 비판하고, 외교적 노력에 의해서는 결코 독립을 달성할 수 없다고 하면서, 임시정부의 독립운동노선을 비판하였다. 임시정부의 방해로 『신대한』 발행이 중단되자 신채호는 베이징으로 갔다. 베이징에서 반임시정부 세력을 규합하여 대한민국 군정부를 자칭한 제2 보합단을 결성하였다. 이어 1921년 4월 19일에는 위임통치를 청원한 이승만을 옹호하는 임시정부의 처사를 비판하면서 이승만·정한경 등의 위임통치 청원은 무효라고 주장하는 내용의 「성토문」을 김창숙·장건상·이극로·김원봉·서왈보 등과 함께 발표하였다.

신채호가 베이징에서 주력한 것은 군사통일기관 창설이었다. 1920년 9월 박용만 등과 함께 군사통일촉성회를 창설하여 독립군 통합을 위해 노력하였다. 그러한 노력의 결과, 1921년 4월 17일에 각 단체대표회를 창설할 수 있었다. 군사통일회의는 4월 24일 임시정부와 임시의정원 불승인안을 통과시키고, 텐진에서 『대동』(주간 신채호)을 간행하여 반임시정부 선전활동을 전개하였다.

신채호는 1921년 5월 21일 김정묵·박봉래 등과 함께 통일책진회를 발기하고 「통일책진회발기취지서」를 작성·발표하는 등 군사통일기관 설립을 촉진하기 위하여 노력하였다. 하지만 군사통일회의가 군사통일기관 설립보다는 임시정부를 개편하기 위한 국민대표회 소집에 주력하자, 신채호는 군사통일회의와는 일정한 거리를 두면서 독립군에 의한 무장투쟁노선을 포기하고 테러를 통한 폭력투쟁노선으로 전환하였다.

임시정부와의 대립 과정에서 새로운 민족해방운동 방법론을 모색하던 신채호는 이때부터 아나키즘에 입각한 민족해방운동론을 정립하기 시작했다. 신채호가 아나키즘을 처음 접한 것은 1905~1906년 무렵 황성신문사에 다닐 때 읽은 고토쿠 슈스이의 『장광설』을 통해서였다. 이후 신채호는 아나키즘을 비롯한 사회주의에 관한 지식을 쌓아나갔다. 1913년 상하이에 있을 때는 류쉬푸의 논설을 탐독하였으며, 그를 통해 크로포트킨의 상호부조론을 이해했다. 하지만 신채호는 아직 아나키즘을 자신의 사상으로 수용하지는 않았다. 단지 아나키즘의 반제국주의적 측면을 받아들여 사회진화론에 근거한 민족주의를 강화하고, 아나키스트들이 강조하는 직접행동의 하나인 테러행위를 민족해방운동의 하나의 수단으로 채택하였을 뿐이다. 1917년 러시아혁명 이후 신채호는 커다란 사상적 전환을 맞이하였고, 제국주의의 논리인 사회진화론적 사고에서 벗어나 대동사상에 관심을 기울이고 사회주의를 수용하기 시작했다. 1919년 2월에 작성한 「대한독립선언서」는 신채호가 사회진화론을 극복하고 팽창적 민족주의를 극복하였음을 나타내준다. 신채호는 상호부조론에 의거하여 생존경쟁을 강조하는 사회진화론을 극복해 나갔는데, 이로 인해 신채호가 수용하게 되는 사회주의는 상호부조론을 주요한 구성요소로 하고 있는 아나코코뮤니즘이 주된 내용을 이루었다.

3·1운동을 통해 민중을 재발견한 신채호는 대한민국임시정부와 대립하면서 민족해방운동을 이끌어 나갈 새로운 이념을 모색하였고, 점차 아나키즘을 수용하기 시작하였다. 신채호는 「신대한 창간사」에서 국가의 존재를 무시하고 아나키즘적 세계관에 입각하여 계급투쟁으로 자본주의 사회의 모순을 극복하고 빈부의 차이가 없는 평등한 이상세계를 건설할 것을 주창하였다. 1921년에 김창숙·박숭병·이회영·한영복 등과 함께 창간한 『천고』에도 아나키즘적 입장의 글들이 많이 게재되었다. 신채호는 『천고』「창간사」에서 아나키스트들의 테러적 직접행동을 민족해방운동의 수단으로 제시하는 한편, 공산주의에 대해서는 비판적 입장을 취하였다. 그리고 흑색청년동맹이라는 아나키스트단체를 국내와 베이징에 각각 결성하기도 했다.

신채호가 테러에 의한 폭력투쟁노선을 취하면서 아나키즘에 입각한 민족해방운동론을 모색하고 있을 때, 의열단의 김원봉으로부터 의열단이 주도해오던 테러행위를 민족해방운동의 방법론으로 이론화 해달라는 요청이 왔다. 이에 신채호는 1923년 1월 「조선혁명선언」을 발표하였다. 신채호는 「조선혁명선언」에서 민중직접혁명론을 민족해방운동론으로 체계화 하고, 테러적 직접행동론을 민족해방운동의 방법론으로 제시하였다.

　신채호는 「조선혁명선언」에서 일제의 식민지지배를 한국민족 생존의 적으로 규정하고 일제를 타도할 것을 역설하였다. 신채호가 일제 타도를 주장한 것은 한국 민족을 일제의 식민지배로부터 해방시키기 위한 것이지 새로운 정부를 수립하기 위한 것은 아니었다. 신채호는 일제타도는 혁명에 의해서만 가능하다면서, 내정독립론, 참정권론, 자치론, 외교론, 준비론 등을 비판하였다.

　신채호의 민중직접혁명론은 바로 아나키스트들의 '민중들의 직접행동에 의한 사회혁명론'에 근거하고 있는 것으로 아나키즘에 입각한 민족해방운동론이자 사회혁명론이었다. 신채호는 정치와 정치혁명을 부정하였다. 신채호에 의하면, 정치란 지배계급이 민중을 속여 백주에 약탈행위를 조직적으로 행하는 것으로 민중의 생존을 빼앗는 민중의 적일 뿐이며, 정치혁명이란 지배계급의 교체에 불과하였다. 신채호는 민중해방을 지향하는 금일의 혁명은 민중이 곧 민중 자기를 위하여 행하는 혁명으로 민중의 직접행동에 의한 사회혁명이다. 이 사회혁명이 성공하기 위해서는 민중이 각오하여 직접 혁명에 참가해야 하고, 민중이 각오하는 것은 신인·성인·영웅호걸 등의 지도에 의해서가 아니라 선각한 민중이 민중 전체를 위하여 혁명적 선구가 됨으로써 이루어진다고 강조하였다. 신채호가 민중직접혁명을 통해 건설하고자 한 사회는 '고유적 조선의', '자유적 조선 민중의', '민중적 경제의', '민중적 사회의', '민중적 문화'의 한국사회로서, 빈부의 차별이 없는 평등사회였다.

　그런데 신채호는 이상사회 건설에 앞서 민중을 억압·수탈하는 지배계급과 정치, 제도, 차별, 노예적 문화사상을 먼저 파괴해야 한다고 주장하면서, 파괴대상으로 이족통치, 특권계급, 경제약탈제도, 사회적 불평균, 노예적 문화사상 등을 지적하였으며, 이러한 파괴는 민중의 폭력혁명에 의해서만 가능하다고 주장했다. 폭력수단으로 지정된 것은 테러나 폭동과 같은 민중의 직접행동이었다. 독립군에 의한 무장투쟁은 폭력수단에서 제외시켰다. 그리고 폭력의 목적물로는 조선총독과 각 관공리, 일본 천황과 각 관공리, 정탐노·매국적, 적의 일체 시설물, 민족해방운동을 완화하고 중상하는 각 지방의 신사나 부호, 일본 강도정치의 기계가 되어 한국민족의 생존을 위협하는 일본인 이주민 등을 지목하였다.

「조선혁명선언」에서 테러적 직접행동론이 체계화되면서 테러활동은 단지 복수적 감정에서 매국노나 일본제국주의자들을 처단하던 차원에서 벗어나, 민족해방운동의 주요한 수단으로 자리잡았다. 신채호의 테러적 직접행동론은 일제강점기 한국인 아나키스트의 가장 주요한 투쟁방법론으로 되었다. 이후 의열단원들은 테러를 행하러 갈 때는 항상 「조선혁명선언」을 휴대하였다.

신채호는 민족해방을 위하여 행해지는 살육·암살·폭동 등은 정당하다고 주장하였다. 즉 붓을 잡거나, 칼을 잡거나, 스파르타와 같이 절적竊賊을 좋아하거나, 몽고와 같이 전살戰殺을 즐기거나 간에 그것이 국가를 위한 것인 이상은 모두가 정당하다는 것이다. 그렇다고 해서 신채호가 모든 살육·암살·폭동을 정당화한 것은 결코 아니다. 즉 민족 전체가 아니라 개인의 영리만을 추구하는 행위에 대해서는 그 정당성을 부여하지 않았다.

　1924년 생활상의 곤란으로 관인사에 들어가 일시 승려가 되었던 신채호는 자신의 민중직접혁명론을 실천에 옮길 방도를 모색했다. 신채호가 관인사에 있을 당시 이회영·이정규·이을규·정화암·백정기 등 재중국 한국인 아나키스트들에 의해 재중국조선무정부주의자연맹이 결성되었으나, 신채호는 방법론상의 견해 차이로 이에 참가하지 않았다.

　신채호는 1925년 초에 「낭객의 신년 만필」을 발표하여 말로만 혁명을 외치는 인사가 아닌 자신의 이념을 실현하기 위해 피 흘리며 투쟁하는 인물을 강조하였다. 1926년 무렵 신채호는 동아시아의 국제적 아나키스트단체 결성에 나섰다. 1926년 여름 아나키스트들의 국제적 연대조직인 무정부주의동방연맹을 결성하기 위한 준비모임에 참가하였다. 그리고 중국인 슈지안의 발의로 1927년 9월 베이징에서 무정부주의동방연맹 창립대회가 개최되자, 신채호는 이필현과 함께 한국인 아나키스트의 대표로 참가하였다. 신채호가 무정부주의동방연맹 결성에 참가한 것은 동아시아 국가들의 국체를 변혁하여 모든 사람이 자유롭게 잘사는 사회를 건설할 목적에서였다.

　무정부주의동방연맹 창립대회는 각각 자국으로 돌아가 서로 연락하면서 목적을 달성하기 위해 노력할 것과 본부를 상하이에 설치할 것 등을 결정하였다. 신채호는 이 결정을 실천에 옮기기 위하여 텐진에서 재중국 한국인 아나키스트대회를 개최하였다. 이 대회는 신채호가 작성한 선언문을 채택하였는데, 이 선언문은 지배계급의 지배도구인 정부를 파괴하고 무산계급이 진정으로 해방되는 사회를 건설할 것을 주장하였다.

그리고 아나키즘을 선전하고 적의 기관을 파괴할 것을 결의하였다.

신채호는 무정부주의동방연맹의 운영자금과 기관지 발행에 소요되는 자금을 외국환 위조를 통해 확보하고자 하였다. 당시 베이징우무관리국에 근무하던 대만인 아나키스트 린빙원으로 하여금 위조한 외국환을 우체국에 저축한 뒤 일본과 한국, 대만 등 각지에서 현금으로 인출한다는 계획을 세웠다. 신채호는 중국인 행세를 하면서 일본을 거쳐 대만으로 향하였다. 1928년 5월 8일 대만 지롱우체국에서 현금을 수령하기 위하여 기다리던 중 지롱서 형사에 의해 체포되었다. 이 사건으로 신채호, 린빙원, 이필현, 이종원, 양지칭 등이 체포되었다. 신채호 등은 다롄으로 호송되어 재판을 받았다. 양지칭은 증거불충분으로 석방되었지만, 신채호는 징역10년, 이필현은 사형, 이종원은 무기징역을 선고받았다. 린빙원은 1928년 8월에 옥사하였다. 신채호는 뤼순형무소에 수감되어 만기출옥을 2년여 앞둔 1936년 2월 21일 오랜 감옥생활로 인한 건강악화를 이겨내지 못하고 뇌일혈로 생(향년 57세)을 마감하였다.

신채호의 유해는 2월 24일 밤늦게 도착하여 신백우의 집에서 1박하였다. 다음날 신채호의 유해는 고두미에 묻혔다. 그는 민적이 없었으므로 매장 허가를 얻지 못하여 암장하다시피 하였다. 부인 박자혜에 의하면, 신채호는 자신의 시체를 황해에 띄워 어복魚腹에 장사지내 달라고 하였다 한다. 뜻을 이루지 못하면 슬픈 조국에 어찌 발을 들여놓을 수가 있겠느냐는 것이었다.

신채호를 암장한 사실이 발각이 되어 신백우가 청주경찰서에 여러 차례 불려가 문초를 받았다. 한편, 만해 한용운이 신채호를 애도하는 뜻으로 비석을 마련하고, 오세창이 "단재 신채호지묘"라고 글을 써서 각석까지 마쳤으나, 경찰의 감시가 심하여 운반하지 못하고 심우장尋牛莊(한용운의 집) 뒤뜰에 숨겨 놓았다. 후에 신백우가 서울에 올라간 길에 한용운을 만나 이 이야기를 듣고, 수레에 채소를 실은 다음, 그 속에 비석을 감추어 청주까지 도보로 운반하였다. 이리하여 신채호의 묘소에 비석이 세워지게 되었다.

신채호는 감옥에 있으면서도 민족해방과 아나키스트사회 건설에 대한 염원을 버리지 않았다. 그는 우리 민족의 역사를 아나키즘적 사관에 입각하여 체계화하고자 했다. 우선 1920년대 초까지 민족주의사관에 입각하여 완성한 저술들을 아나키즘적 사관에 입각하여 수정하고자 하였다. 당시『조선일보』가「조선사」(1931년 6월 10일부터 10월 14일까지)와「조선상고문화사」(10월 15일부터 12월 3일까지)를 연재하고 있었는데, 이에 대해 신채호는 자신이 석방된 뒤 정정하여 발표할 것이라면서 연재를 중지할 것을 요구하였다.

그리고 1936년 이후 세계정세가 급격하게 변화되는 속에서 새로운 민족해방운동론으로 민족전선론을 제기하는 등 아나키스트운동을 계속하였다. 즉「민족전선을 위하여」(『남화통신』1936년 11월호)라는 유시遺詩를 통해, 모든 민족해방운동세력을 결집한 민족전선을 결성하여 일제와 전면전을 전개해야 한다는 민족전선론을 제기하였던 것이다. 민족전선론은 모든 민족해방운동세력을 결집한 민족전선을 결성하여 일제와 전면전을 전개해야 한다는 주장으로서 1936년 후반 이후 재중국 한국인 아나키스트들에 의해 적극적으로 제기되었으며, 이 주장에 입각해서 조

신채호의 옛 무덤

선민족전선연맹이 결성되었다. 조선민족전선연맹은 민족주의자·공산주의자·아나키스트의 연합전선으로서 1930년대 후반 이후 민족해방운동상에서 주요한 역할을 수행하였다.

신채호는 계몽사상가에서 민족주의자로 거기에서 다시 아나키스트로 사상적 변신을 거듭하였다. 일제강점기 한국인을 억누르고 있었던 것은 일제의 식민지권력이었고, 모든 사회변혁운동은 바로 일제 식민지권력의 억압에서 비롯되었다. 사회변혁을 추구하던 사람은 모두 민족해방운동가로서 출발하였으며, 일제가 붕괴되지 않는 한 민족문제로부터 자유로울 수가 없었다. 그것은 공산주의자나 아나키스트도 마찬가지였다. 따라서 일제강점기에 민족해방을 주장하였다고 해서 그 사람을 민족주의자로 규정해서는 곤란할 것이다. 신채호를 더 이상 민족주의의 틀 내

신채호 동상(대전광역시 중구 어남동 233번지)

에 가두어서는 안될 것이다. 신채호를 아나키스트로 규정할 때 우리 나라 근대 사상계에서 신채호가 차지하는 비중은 더욱 커질 것이다.

  신채호는 테러적 직접행동론을 민족해방운동의 방략으로 체계화함으로써 아나키즘의 한국적 수용을 가능케 하였다. 당시 국제적 차원에서의 아나키스트운동은 테러리즘의 폐해를 지적하고 '사실에 의한 선전'을 폐기하였다. 그러나 한국인 아나키스트들은 1936년 '민족전선론'을 제기하면서 아나키즘 본령에서 일탈해가기 전까지 신채호의 민중직접혁명론의 영향하에서 테러적 직접행동론을 자신들의 주요한 민족해방운동 방법론으로 채택하였다. 이러한 점은 한국 아나키즘의 특성을 형성하였다.

　민족전선론 그 자체는 아나키즘 본령에서 일탈한 것으로 보기 어렵지만, 민족전선으로 결성된 조선민족전선연맹에 참가한 한국인 아나키스트들은 그 안에서 아나키즘의 독자성을 확보하는 데 소홀히 하였고, 결국 아나키스트들은 조선민족전선연맹과 임시정부 안에서 제3의 세력으로서 독자성을 유지하지 못하고 민족주의 세력권에 편제되고 말았다. 신채호의 사망이 아쉬운 대목이다.

　이처럼 신채호는 자유로운 인간의 삶을 추구하였으며, 감옥에 있으면서도 아나키스트로서의 삶을 영위하고자 하였다. 생명이 다하는 그날까지 아나키스트운동과 역사연구에 매진하고자 마지막 한올의 불꽃까지 다 태웠다. 그럼으로써 영원한 자유인으로 남았다.

신채호의 삶과 자취

1867	신채호의 할아버지 신성우의 관계 진출로 신채호 일가는 충북 청원군 가덕면에서 회덕군 산내면 어남리(현재 대전광역시 중구 어남동) 도리미 마을로 이사
1880. 12. 8	(음 11. 7) 아버지 신광식과 어머니 박씨의 차남으로 태어남 본관은 고령으로 신숙주의 18세 손. 원래의 한자명은 申寀浩였으나,「우공이산론」(『보전친목회보』 9호)에 申采浩로 명기한 이후 섞어서 사용. 호는 단재. 처음에는 정몽주의 "일편단심가"를 본떠 '일편단생'이라 지었다가 단생 또는 단재로 바꿈
1885	할아버지 신성우 낙향. 할아버지로부터 한학을 배우기 시작
1886	아버지 신광식 사망
1887	할아버지의 인솔하에 충북 청원군 낭성면 귀래리 고두미 마을로 이사. 할아버지가 운영하는 서원에 다니기 시작. 아홉 살 때『자치통감』을 해독할 정도로 지혜가 출중하였으며, 한시도 곧잘 지음. 열두세 살 때에는 사서삼경에도 통달하는 등 학문적 성취가 뛰어나 신동이라는 소리를 들음. 신규식·신백우와 더불어 산동의 삼재라 불림
1894	신병휴의 문하에 들어감. 1896년 신병휴 밑에서 신백우와 함께 수학 낭성면 관정리에 들이닥친 갑오농민군을 목격

1895	풍양 조씨와 결혼
1896	신승구에게 배움
1897	신승구의 주선으로 신기선을 소개받음. 신기선의 서재에서 실학과 신학문에 관한 많은 서적을 접함
1898(가을)	신기선의 추천으로 성균관에 입학함. 기숙사 남재에 기거하면서 이남규에게 수학함. 변영만·김연성·류인식·조소앙 등과 교류하면서, 이들과 함께 독서회를 조직해 사회과학을 공부함. 그 과정에서 주자학의 틀을 깨고 사회진화론을 수용하고 자강운동에 참여
10(무렵)	독립협회에 참가하여 활동하다가 11월 5일(음)에 체포
1899	형 재호마저 저세상으로 떠나면서 할아버지, 부인 및 조카를 거느린 가장이 됨
1901	성균관 유생 30여 명과 함께 「헌의서」 제출. 신규식의 고향 청원군 가덕면 인차리에 설립되어 있던 문동학원으로 내려가서 신백우와 함께 강사 생활. 한문무용론을 제기하여 봉건 유생들로부터 배척을 당하기도 하였음. 이후 한글 사용을 강조하면서 『대한매일신보』와 『가정잡지』 등에 국한문혼용문이나 순한글로 글 발표
1902. 5	일본이 마산에 조차지를 설치하자, 정부를 성토하는 내용의 글을 발표
1903	서울에 올라온 류인식을 만나 영남 학술의 개혁과 서구학문 연구의 필요성을 역설. 이 무렵 단발을 단행함
1904. 6	조소앙 등 성균관 유생들과 함께 일제의 황무지개간권 요구에 항의하는 「항일성토문」을 작성하여, 일본 침략의 불가함을 상소하고, 황무지개간 허차약안에 동의한 이하영·현영운

	등의 매국 행위를 규탄. 이후 귀향하여 신백우·신규식 등과 함께 관정리 신충식의 집에 산동학당을 설립하여, 세계정세를 소개하고 신학문을 가르치며 열렬한 애국의식을 고취함
1905. 2(하순)	합시에 입격
4. 4	성균관 박사에 임명되었으나 다음 날 사임하고, 향리에서 계속 교육활동에 종사. 장지연의 초빙으로 『황성신문』 논설위원이 되어 언론활동 전개. 장지연의 논설 「이날을 목 놓아 통곡한다」가 문제가 되어 『황성신문』이 무기정간되고, 1906년 2월에 속간된 뒤에도 황성신문사에 대한 탄압이 계속되자 황성신문사에서 퇴사. 황성신문사 재직 당시 일본의 아나키스트 고토쿠 슈스이의 『장광설』을 통해 사회주의 사상을 접하고 사회주의의 반제국주의적 측면을 수용. 그리고 『장광설』의 '암살론'에 공명하여 암살을 민족해방운동의 주요한 방도의 하나로 규정
1907	대한자강회와 이를 계승한 대한협회, 기호흥학회 등에 가입하여 활동
1(무렵)	서상돈·김광제 등에 의해 대구에서 국채보상운동이 일어나자, 금연으로 모은 돈 2원을 성금으로 내놓는 등 국채보상운동에 적극적으로 참가
4	안창호·양기탁·이갑·이동녕·이동휘·이승훈·이회영·전덕기·유동열 등과 함께 비밀결사 신민회 결성에 참여
10	광학서포에서 『이태리 건국 삼걸전』을 출판하여 애국을 강조
11. 6	박은식을 대신하여 『대한매일신보』 주필로 근무. 교육·종교·도덕에 대한 계몽적인 논설을 발표하여 신교육·신도덕 수립을 통한 구국운동의 필요성 역설

1908. 1. 15
~16   발표한 「유교 동포에게 경고함」에서 유교계에 대한 비판을 통해 유교 자체에 대한 개혁을 촉구하면서 국권회복을 위한 애국운동을 실천하는 종교로 변화해야 한다고 역설

1   『가정잡지』가 속간되자 편집인 겸 발행인으로 참가하여 가정부인을 대상으로 계몽운동을 전개. 「영웅과 세계」를 발표하여 영웅만이 세계와 교섭하고 세계와 분투하여 독립을 쟁취할 수 있다면서 풍전등화에 있는 나라를 구하기 위해서는 영웅이 출현해야 한다고 주장

4   「대한의 희망」을 발표하여 국민 각자가 용기와 희망을 가져야만 국권을 수호하고 부국강병할 수 있다고 역설하고, 「일본의 큰 충노 세 사람」에서는 신기선을 일본의 3대 충노 중 1인으로 지적

5   『을지문덕』을 출판하여 영웅이 있어 국민을 이끌어야만 나라가 존재할 수 있다고 주장함. 이어 「한국의 제일 호걸 대왕」(1909. 2. 25~26), 「류수운 한석봉」(1909. 11. 26), 「위인의 두각」(1909. 11. 28), 「철인의 면목」(1909. 11. 30), 「강감찬과 가부이」(1909. 12. 14), 「연개소문, 김준」(1910. 1. 21), 「동국거걸 최도통」(1909. 12. 5~1910. 5. 27), 「류화전」, 「일이승」, 「리괄」, 「박상희」, 『고구려 삼걸전』 등을 집필하여 한국 민족의 역사상에 나타났던 영웅들과 그 활동상을 소개. 이후 나라가 망해가는 상황 속에서 영웅의 출현을 고대하는 한편, 국가와 황실, 국가와 정부를 구분하고, 국가주의를 제창하였으며, 나아가 인민주권에 바탕한 민족주의를 제창

      『대한협회 회보』에 「역사와 애국심의 관계」를 발표하여 역

	사에 의해서만 애국심을 고취할 수 있다고 역설하면서, 기존의 사대주의 역사서는 결코 역사라 할 수 없다고 주장
8. 12	「나라의 정신을 보전하는 말」을 발표하여, 국수가 존재해야만 거기에 근거해서 국민의 애국심을 환기하고 국가를 유지할 수 있는바, 국수를 보전하는 것이 시급하다고 역설
8. 27	『대한매일신보』에 「독사신론」을 발표하기 시작. 이 글에서 당시 학부가 펴낸 국사교과서의 오류를 지적한 뒤 한국 고대사 연구의 방향과 관점을 제시하는 한편, 국가를 '민족정신으로 구성된 유기체'로 규정하는 등 국가 흥망의 책임은 민족 전체에게 있는 것으로 인식하고, 이러한 인식을 바탕으로 민족주의를 제창
9. 4	「가족사상을 타파함」을 발표하여 협애한 가족적 관념을 버리고, 국가적 관념을 가질 것을 촉구
12. 13	「승려 동포에게 권고함」을 발표하여 불교에 대해서도 호국불교의 전통을 계승할 것을 강조
1909. 5. 28	「세국주의와 민족주의」 발표. 이 글에서 민족주의를 '타민족의 간섭을 받지 않는 주의'로 규정한 뒤, 세계를 지배하고 있는 제국주의에 저항하는 방법으로는 민족주의를 분휘하는 것이 유일하다고 주장
6. 18	「한인의 마땅히 지킬 국가주의」 발표. 실력양성에 앞서 독립을 위해 노력해야 한다면서 선실력양성 후독립론자들을 비판
7. 16	「몸과 집과 나라 세 가지 정황의 변천」 발표. 군주나 소수 귀족의 사적재산으로서의 국가와 인민의 공적재산으로서의 국가를 구별하고, 인민이 주권을 가진 국가만이 진정한 국가임

	을 강조. 이리하여 영웅주의적 국가관에서 벗어나 인민주권의 공화제에 도달
8. 8	「동양주의에 대한 평론」 발표. 동양주의의 허구성을 지적하였으며, 「허다한 옛 사람의 죄악을 심판함」(『대한매일신보』 1909년 8월 8일자)에서는 김부식을 독립정신을 말살한 역사의 죄인으로까지 규정하고, 사대주의 역사의 폐해를 지적
1910. 3	신민회 간부회의의 결정에 따라 망명 준비. 그 과정에서 아내 풍양 조씨와 사실상 이혼
4. 8	안정복의 『동사강목』을 품에 안고 안창호·이갑·이종호·유동열·김희선·조성환·김지간·이종만(이종호의 동생)·정남수 등과 함께 망명길에 오름. 중도에 뱃멀미로 김지간과 함께 하선하여 정주 오산학교에 들렀다가, 20여 일을 머문 후 옌타이를 거쳐 칭다오에 도착. 칭다오 회의의 결과는 신한민촌과 무관학교를 건설하는 것에 주력하는 것으로 결정. 이갑·김희선·김지간·유동열 등과 함께 사관학교 교원에 임명된 신채호는 칭다오 회의의 결정에 따라 다른 사람들과 함께 영국 기선을 타고 블라디보스토크로 향함. 여름에 블라디보스토크에 도착하였으나, 8월 말 국내로부터 일제에 의해 나라가 병합되었다는 좋지 않은 소식이 들려옴. 이에 간도의 교포를 중심으로 당장 독립군을 조직하여 국내로 진공하자는 주장이 제기되어, 결국 신한민촌·무관학교를 설립한다는 계획은 좌절됨
1911(초)	블라디보스토크에서 윤세복·이동휘·이갑 등과 함께 국권회복을 목적으로 광복회(회장 윤세복)를 조직하여 부회장으로 활동. 광복회의 「고시」를 작성

6	1일에 권업회 창립대회가 개최되었는데, 신채호는 평의원(의사원)에 선임. 6월 18일에 창간된 『대양보』 주필로 활동. 이종호와 유진률의 갈등으로 7월 30일 『대양보』 7호가 발행된 뒤 휴간되자, 자신의 거취문제를 고민하기 시작함. 안창호가 미국으로 건너오라는 것을 거절하고, 국내나 상하이로 갈 생각을 함. 하지만 이종호의 만류로 블라디보스토크에 계속 머묾
12. 19	이상설을 임시회장으로 하여 권업회 통합총회가 개최됨. 의장에 이상설, 부의장에 이종호, 총무에 한형권과 김익용이 선출되었으며, 신채호는 서적부장에 선임됨
1912. 2. 6	권업회 사무소에서 이상설·이종호·홍범도·엄인섭 등과 회합하여 회기 도안에 대해 협의함
5. 5	『대양보』가 『권업신문』으로 이름을 바꾸어 창간되자, 주필로 활동. 권업회가 내분에 휩싸이자, 『권업신문』 22호(러시아력 1912년 9월 9일)에 「공과 사를 잘 분간하여야 할 일」을 발표하여 각 파벌이 자파의 이해관계를 쫓아 파벌투쟁하는 것을 비판. 이때를 전후하여 권업신문사를 그만둠
1913. 1(무렵)	블라디보스토크를 떠나 펑텐으로 감. 신백우를 만나 함께 백두산을 오르고 압록강상의 지안현, 즉 제2의 환도성에서 광개토대왕의 무덤을 답사
8. 19	김용준과 함께 칭다오를 거쳐 상하이에 도착. 항저우 도서관에서 『해동금석원』을 열람하는 등 중국 도서관에서 중국 측 역사서와 사료들을 두루 섭렵하는 한편, 「고금광복기」를 집필하여 『향강잡지』 1-1에 발표. 상하이에 머무르면서 정인보·문일평·조소앙·홍명희·이광수 등과 교류하는 한편, 동

	제사에 가입하여 신규식·박은식·김규식·홍명희·조소앙·문일평·박찬익·한진산·조성환·이광·민필호·민제호·신건식·중국인 농주 등과 함께 중견 간부로 활동. 그리고 류스푸의 논설을 탐독
12. 17	상하이 밍더明德리에 박달학원이 설립되자, 박은식·홍명희·문일평. 조소앙 등과 중국인 농주, 미국 화교 마오다이웨이 등과 함께 교수로 활약하면서 재중국 동포 자녀들에게 독립의식을 고취함
1914	대종교 교주 윤세복의 초청으로 서간도 환런현 홍도천으로 가서 동창학교 국사교사로서 1년간 학생들을 가르치면서 『조선사』를 저술하는 한편, 지안현 등에 남아 있는 고구려 고분군을 답사하며 실지답사를 통해 문헌이 부족한 점을 보완함. 1915년에 다시 베이징으로 감
1916. 3	국가주의와 국수주의·영웅주의 등을 테마로 다룬 우화적 환상소설 『꿈하늘』 저술
1917	조카 향란의 혼사문제로 밀입국. 향란이 자신의 말을 듣지 않자 향란과 의절하면서 단지함. 이후 진남포에서 서울로 잠입하여 제자 김기수의 집을 찾아가 그를 조문함
	7월에 발표된 「대동단결의 선언」에 신규식·조소앙·박은식·박용만 등과 함께 서명하는 등 러시아혁명을 목격하면서 사회진화론적 사고에서 점차 탈피하기 시작함
1918	한국사 통사를 저술하기 위해 「조선사통론」, 「문화편」, 「사상변천편」, 「강역고」, 「인물고」, 부록 등을 탈고하기 시작. 「문화편」은 1931년 10월 15일부터 『조선일보』에 연재되기 시작한 「조선상고문화사」로 추정되고, 「조선사통론」은

	1931년 6월 10일부터 10월 14일까지 『조선일보』에 연재된 「조선사」로 추정됨
	당시 『중화신보』에 기고하고 있었는데, 중화신보사 측이 신채호의 글에서 '矣'를 빠뜨리는 사건이 발생하자, 기고를 그만둠
1919. 2	「대한독립선언서」에 이동휘·이상룡·이승만·문창범·박은식·신규식·조소앙 등 38명과 함께 서명
3	문철·서왈보 등과 함께 베이징에서 청년학생들을 조직하여 군사행동을 목적으로 하는 대한독립청년단(일명 학생단)을 결성함. 대한독립청년단의 간부진은 단장 신채호, 부단장 한진산, 총무 겸 통신사장 한진산, 서기 방석범, 외무장 문철, 내무장 겸 재무장 조동진, 군무장 서왈보 등이며, 1919년 12월 회원수는 70명(재북경 회원 30명 포함)
3	이달 수립된 한성정부의 평정관에 선임
3(말)	조성환 등과 함께 상하이로 가서 대한민국임시정부 수립에 참가
4. 10	프랑스 조계 김신부로에서 개최된 임시의정원 구성회의에 충청도 대표로 참가
4. 11	이날 개최된 제1회 임시의정원회의에서 이승만을 국무총리로 선출하는 데 반대. 이승만은 미국에 위임통치를 청원했던 자이기 때문. 임시의정원 제2회 회의(1919. 4. 22~23)와 제3회 회의(1919. 4. 25), 제5회 회의(1919. 7. 7~19)에도 참가. 제5회 회의에서는 전원위원회 위원장으로 선출됨. 하지만 1919년 8월 18일 개최된 의정원 제6회 회의에서 이승만을 대통령으로 선출하는 것에 대해 격렬하게 반대하다가 임

		시의정원에서 해임
	10. 28	김두봉·한위건·신백우 등과 함께 상하이에서 『신대한』을 발간하여 대한민국임시정부의 독립운동노선 비판. 신대한신문사는 신규식에 의해 설립되었으며, 신채호는 주필을 맡음. 1920년 1월 4일 김두봉이 신대한신문사의 편집장
	11	일본 정부의 초청으로 여운형 일행이 일본을 방문하자, 상하이에 있던 독립운동가들은 11월 17일 유호임시국민대회를 개최. 이 대회에서 신채호가 원세훈·한위건과 함께 기초한 「선포문」을 공포. 하지만 옥관빈과 신국권이 이의를 제기하면서 제2회 국민대회 개최를 요구했고, 이에 따라 1919년 11월 29일 대회가 개최됨. 대회는 갑론을박 끝에 17일에 공포한 「선포문」을 무효로 하고, 새로운 기초위원을 선정하여 「선포문」을 작성·공포하며, 신채호·원세훈·한위건 등에게는 사죄를 청하기로 결정함. 이로 인해 신채호와 임시정부의 관계는 더욱 악화됨
		한때 사회당과 국가사회주의당에 가입
		대한독립단의 단장에 선임. 부단장에는 박중화, 비서국장에는 고순흠이 선임
		남형우를 단주로 하여 신대한동맹단(부단주 신채호, 단원 약 40명) 결성
1920(초)		『신대한』이 임시정부의 방해공작에 의해 휴간되자 베이징으로 감
	4	박용만 등과 함께 '대한민국 군정부'를 자칭한 제2 보합단(제1은 상해 임시정부를 지칭)을 조직하여, 내임장에 선임됨
	6	박용만·문창범·유동열·김영학·고창일 등과 함께 노령 쑤

	이펀허로 가서 독립운동의 방향을 모색. 이때 헤이허 근처에 머물며 한인청년무관학교 생도들을 상대로 클라우제비츠의 전쟁론과 혁명이론을 번역하여 한국 역사와 함께 수업한 사실이 문제되어 미산으로 끌려가 모진 고문을 받음
9	박용만·신숙 등 14명과 함께 군사통일촉성회를 발기하여 독립군 통합을 시도
11	『천고』 발행 준비
	베이징에서 『서광』의 주필을 함
	이은숙(이회영의 처)의 소개로 박자혜와 재혼
1921. 1	중국인과의 항일연합전선을 형성할 목적으로 김창숙·박숭병·이회영·한영복 등과 함께 순한문지 『천고』 창간
3. 1	베이징 박정래의 집에서 박정래·서왈보·김달하·한진산·신헌 등 15명과 함께 독립기념축하연 개최
4. 17	군사통일촉성회는 6개월여의 노력을 기울인 결과 1921년 4월 17일 각 단체대표회(4월 19일 군사통일회의로 명명) 개최. 군사통일회의는 4월 24일 임시정부와 임시의정원 불승인 안을 통과시키고, 이를 임시정부와 임시의정원에 통고하기로 결의. 반임시정부 선전활동을 하고자 신채호를 주간으로 하여 톈진에서 『대동』을 간행
4. 19	위임통치를 청원한 이승만을 옹호하는 임시정부의 처사를 비판하면서 이승만·정한경 등의 위임통치 청원은 무효라고 주장하는 내용의 「성토문」을 김창숙 등과 함께 작성·공표. 이 「성토문」에는 신채호와 김창숙을 비롯하여 김원봉·남공선·서왈보·오성륜·장건상·이극로 등 54명이 서명
5. 21	군사통일기관 설립을 촉진하기 위하여 김정묵·박봉래 등과

	함께 통일책진회를 발기하고, 「통일책진회발기취지서」를 작성하여 발표
	지식인들을 중심으로 하여 흑색청년동맹을 국내에 창설하고, 같은 해에 베이징에 지부 설치
	이윤재가 신채호와의 협의하에 「조선사통론」, 「문화편」, 「사상변천편」, 「강역고」, 「인물고」, 부록 등의 원고 출판을 추진하자 아나키즘적 관점에 입각하여 원고 수정에 들어감. 하지만 출판 추진이 지지부진해지면서 수정작업은 「조선사」에만 그침. 그리고 「고고편」, 「조선고대지사회주의」 등의 원고를 새로이 집필하여 『천고』에 발표
1922	극심한 생활고로 부인을 국내로 보냄
	가을에는 베이징으로 찾아온 김원봉의 부탁으로 「조선혁명선언」 집필에 착수. 김원봉·이종암 등과 함께 상하이로 가서 폭탄의 성능 실험 참관하여 폭탄의 위력을 직접 목격하기도 함. 이후 한 달여를 걸려 5장 6,400여 자로 된 「조선혁명선언」과 경고문 「조선총독부 소속 관공리에게」를 1923년 1월에 탈고. 「조선혁명선언」을 통해 민중직접혁명론을 민족해방운동론으로 정립하고, 테러적 직접행동론을 민족해방운동의 방법론으로 제시. 의열단에서는 「조선혁명선언」을 인쇄하여 대량 살포하였으며, 이후 의열단원들이 테러를 할 경우 무기와 함께 「조선혁명선언」을 꼭 휴대하고 다니면서 이를 선전함
1923	이규준·이규학·이성춘 등이 류자명과 상의하여 1923년경에 조직한 다물단에 관계함. 다물단의 테러활동에는 직접 참가하지 않았지만, 「다물단선언」을 작성하는 등 다물단을 정

	신적으로 지도함
1924. 3. 10	중국 아나키스트 리스쩡의 소개로 관인사에 들어가 승려생활을 시작함. 이 시기를 전후하여 「이두문 명사 해석」, 「고사상 동서양자 바뀐 실증」, 「『삼국지』 동이열전 교정」, 「평양 패수고」, 「전후삼한고」, 「조선 역사상 일천년래 제일대사건」 등을 집필. 연말에 관인사에서 나와 환속한 뒤, 이회영의 동생 이호영의 집에서 하숙하면서 『동아일보』 등에 투고 최남선이 경영하는 시대일보사에서 환국을 요청했으나, 이를 거부
1925. 1(가을)	『동아일보』에 「낭객의 신년 만필」 발표 홍명희는 「이두문 명사 해석」, 「고사상 동서 양자 바뀐 실증」, 「『삼국지』 동이 열전 교정」, 「평양 패수고」, 「전후삼한고」, 「조선 역사상 일천년래 제일대사건」 등을 묶어 『조선사연구초』라는 제목으로 출판하고자 시도
1926. 5. 20 ~25	「고구려와 신라 건국 연대에 대하여」를 홍명희와 한기악의 주선으로 『시대일보』에 발표
여름	무정부주의동방연맹 결성 준비모임에 참가
1927	안재홍으로부터 신간회에 참가해 달라는 요청이 왔으나, 이를 거절. 하지만 홍명희의 간곡한 부탁을 차마 거절하지 못하고 자신을 신간회의 발기인에 포함시키는 것을 허락
9	중국인 슈지안의 발의로 베이징에서 한국·일본·중국·대만·안남·인도 등 6국 대표자 120여 명이 참가한 가운데 무정부주의동방연맹 창립대회가 개최되자, 이필현과 함께 한국인 아나키스트 대표로 이 대회에 참가

1928(초)	안질의 악화로 실명의 위기. 실명되기 전에 어린 아들과의 상면을 위해 부인과 장남을 베이징으로 불러 한 달간 같이 생활
4	무정부주의동방연맹 창립대회의 결정을 실천에 옮기기 위한 방도의 하나로 재중국 한국인 아나키스트들의 역량을 한 군데로 모으고자 하였고, 이를 위해 톈진에서 한국인 아나키스트대회를 개최함. 이 대회에서 신채호가 작성한 선언문을 채택함. 신채호는 무정부주의동방연맹의 운영자금과 기관지 발행에 소요되는 자금을 확보하기 위하여 외국환 위조를 시도함. 타이완인 아나키스트 린빙원이 위조하여 우체국에 저축한 외국환을 인출하기 위해 5월 8일 타이완 지룽 우편국에서 유문상이란 이름으로 위조 외국환에 서명날인하고 현금 2,000원을 인출하려다가, 지룽서 형사에 의해 체포됨. 이 사건으로 체포된 사람은 이필현·이종원·린빙원·양지칭 등 5명. 신채호는 5월 말에 다롄으로 호송되어 네차례의 공판을 거쳐 10년형을 선고받음
	형무소로 면회 온 이관용에게 H. G. 웰스의 『세계문화사』와 에스페란토 문법책을 요청함
1929. 6	홍명희의 주선으로 「이두문 명사 해석」, 「고사상 동서양자 바뀐 실증」, 「『삼국지』 동이 열전 교정」, 「평양 패수고」, 「전후삼한고」, 「조선 역사상 일천년래 제일대사건」 등을 묶어 『조선사연구초』라는 제목으로 간행됨
1931. 6. 10 ~10. 14	신백우와 안재홍의 주선으로 『조선일보』에 「조선사」 연재. 「조선사」는 해방 후 단행본으로 출판하면서 『조선상고사』로

	개제. 10월 15일부터는 「조선상고문화사」가 『조선일보』에 연재됨. 「조선상고문화사」는 1932년 5월 31일까지 모두 41회에 걸쳐 연재
11. 16	자신을 면회 온 『조선일보』 기자 신영우에게 『국조보감』, 『조야집요』와 함께 에스페란토 원문책과 자전을 차입해줄 것을 요청하는 한편, 「조선사」와 「조선상고문화사」의 『조선일보』 연재를 중단해줄 것을 요구. 그것은 민중들의 생활에 대한 서술을 대폭 늘리는 등 계급투쟁의 관점에 입각해서 기존의 저술들을 수정·보완하여 발표하고자 하였기 때문임
1935	건강 악화로 형무소 측이 다른 사람의 보증하에서의 출감을 허락하였으나, 친일파의 도움을 받을 수 없다면서 이를 단호히 거부
1936	「민족전선을 위하여」라는 제목의 유시를 통해, 모든 민족해방운동 세력을 결집한 민족전선을 결성하여 일제와 전면전을 전개해야 한다는 민족전선론 제기
2. 18	신채호가 뇌일혈로 위독하다는 전보를 아침에 받고 아내 박자혜와 아들 신수범, 서세충이 뤼순으로 출발. 20일 오후 3시 20분에 뤼순 형무소로 가서 면회하고자 하였으나, 신채호가 의식을 잃은 상태라 이루어지지 못함
2. 21	아침 9시에 두 번째 면회를 하였으나, 역시 의식불명이어서 면회는 이루어지지 못함. 오후 4시경 오랜 감옥생활로 인한 건강 악화를 이겨내지 못하고 57세로 생을 마감함. 판결문 1통, '유맹원'이라 새겨진 상아도장 1개, 작은 수첩 2권, 크로포트킨 사상집, 안재홍의 『백두산 등척기』, 이선근의 『조선 최근세사』, 중국 돈 1원, 10통의 편지 등을 유품으로 남김

2. 22	아침 11시 반쯤에 뤼순 화장장에서 화장

박자혜와 신수범, 서세충에 의해 운구되어온 신채호의 유해는 2월 24일 오후 2시 50분경에 서울역에 도착한 뒤, 다시 출발하여 밤늦게 청주에 도착함. 신백우의 집에서 하루 머문 뒤, 다음 날 고두미에 묻힘. 신채호는 민적이 없었던 관계로 매장 허가를 받지 못하여 암장하다시피 함. 만해 한용운이 신채호를 애도하는 뜻으로 비석을 마련하고, 오세창이 "단재 신채호지묘"라고 글을 써서 각석까지 마쳤으나, 경찰의 감시가 심하여 운반하지 못하고 심우장 뒤뜰에 숨겨 놓음. 후에 신백우가 비석을 청주까지 도보로 운반하여 묘소에 세움

참고문헌

자료
- 『대한매일신보』, 『동아일보』, 『매일신보』, 『조선일보』, 『조선중앙일보』, 『중외일보』, 『황성신문』.
- 『대한자강회월보』, 『대한협회회보』, 『기호흥학회월보』, 『가정잡지』.
- 경부신백우선생기념사업회 편, 『경부 신백우』, 1973.
- 단재신채호전집편찬위원회 편, 『단재신채호전집』 1~9, 한국독립운동사연구소, 2007.
- 이광수, 「그의 자서전」, 『조선일보』 1936년 12월 22일~1937년 5월 1일자.
- 이광수, 「탈출 도중의 단재 인상」, 『조광』 2~4, 1936.
- 이광수, 『이광수전집』 6, 우신사, 1979
- 이규창, 『운명의 여신』, 보련각, 1992

단행본
- Max Nettlau(하기락 역), 『전세계 인민해방전선 전개—아나키즘 略史』, 형설출판사, 1989.
- 권대웅, 『1910년대 국내 독립운동』, 한국독립운동사연구소, 2008.
- 김병민, 『신채호문학연구』, 아침, 1988.
- 김삼웅, 『단재 신채호 평전(개정판)』, 시대의창, 2011.
- 김용달, 『김지섭 : 일왕 궁성을 겨눈 민족혼』, 지식산업사, 2011.
- 김주현, 『신채호문학연구초』, 소명출판, 2012.
- 남송우·서은선·손동주·윤일, 『근대 초기 한일 문제문학 비교연구』, 지식과교양, 2011.

- 다니엘 게렝(하기락 역), 『현대 아나키즘』, 신명, 1993.
- 단재신채호선생기념사업회 편, 『단재신채호와 민족사관』(단재신채호선생 탄신100주년기념논집), 형설출판사, 1980.
- 단재신채호선생기념사업회 편, 『신채호의 사상과 민족독립운동』(단재신채호선생 순국50주년추모논총), 형설출판사, 1987.
- 대전대학교 지역협력연구원, 『단재 신채호의 현대적 조명』, 다운샘, 2003.
- 무정부주의운동사편찬위원회 편, 『한국아나키즘운동사(초판2쇄)』, 형설출판사, 1994.
- 박찬승, 『한국근대정치사상사 연구』, 역사비평사, 1992.
- 박환, 『러시아한인민족운동사』, 탐구당, 1995.
- 반병률, 『성재 이동휘 일대기』, 범우사, 1998.
- 배용일, 『박은식과 신채호 사상의 비교연구』, 경인문화사, 2002.
- 서형범, 『개화기 서사양식과 전통지식인의 성찰적 여정 – 박은식과 신채호를 중심으로』, 태학사, 2010.
- 石坂浩一, 『近代日本の社會主義と朝鮮』, 社會評論社, 1993.
- 신용하, 『한국근대사와 사회변동』, 문학과지성사, 1984.
- 신용하, 『증보 신채호의 사회사상연구』, 나남, 2004.
- 신일철, 『신채호의 역사사상 연구』, 고려대출판부, 1993.
- 아침편집부 편, 『신채호문학연구』, 아침, 1989.
- 애국동지원호회 편, 『한국독립운동사』, 1956.
- 玉川信明(이은순 역), 『아나키즘』, 오월, 1991.
- 유근주, 『신채호』, 창작과비평사, 1995.
- 이덕남, 『마지막 고구려인 단재 신채호』, 동현출판사, 1996.
- 이만열, 『단재 신채호의 역사학 연구』, 문학과지성사, 1995.
- 이을규, 『시야昰也김종진선생전』, 한흥인쇄소, 1963.
- 이호룡, 『한국의 아나키즘 – 사상편』, 지식산업사, 2001.
- 이호룡, 『아나키스트들의 민족해방운동』, 한국독립운동사연구소, 2008.

- 임중빈, 『단재 신채호전기』, 단재신채호선생추모사업회, 1980.
- 임중빈, 『단재 신채호 : 그 생애와 사상』, 명지사, 1990.
- 임중빈, 『단재 신채호 일대기』, 범우사, 1990.
- 조세현, 『동아시아 아나키스트의 국제교류와 연대 : 적자생존에서 상호부조로』, 창비, 2010.
- 주요한, 『추정 이갑』, 대성문화사, 1964.
- 채근식, 『무장독립운동비사』, 대한민국공보처, 1949.
- 최갑룡, 『황야의 검은 깃발』, 이문, 1996.
- 최기영, 「신채호의 언론활동」 『단재 신채호의 사상과 민족운동』(충남대학교 충청문화연구소 편), 경인문화사, 2010.
- 최홍규, 『단재 신채호』, 태극출판사, 1979.
- 최홍규, 『신채호의 민족주의사상-생애와 사상』, 단재신채호선생기념사업회, 1993.
- 최홍규, 『신채호의 역사학과 민족운동』, 일지사, 2005
- 충남대학교 충청문화연구소 편, 『단재 신채호의 사상과 민족운동』, 경인문화사, 2010.
- 크로포트킨(이을규 역), 『현대과학과 아나키즘』, 창문각, 1983.
- 한국사연구회 등 공편, 『신채호 사상의 현대적 조명과 그 과제』, 한국사연구회, 2000.

논문
- 강만길, 「신채호의 영웅·국민·민중주의」, 『신채호의 사상과 민족독립운동』(단재신채호선생기념사업회 편), 1986.
- 강영주, 「개화기의 역사·전기문학(2) ; 신채호와 박은식의 전기류를 중심으로」, 『논문집』 제13집(인문사회과학편), 상명여자대학, 1984.
- 권보드래, 「『학지광』 제8호, 편집장 이광수와 새 자료」, 『민족문학사연구』 39, 2009

- 권진성, 「단재 신채호의 아나키즘」, 영남대 석사학위논문, 1997.
- 권희영, 「한인사회당 연구」, 『한국사학』 11, 한국정신문화연구원, 1991.
- 김기봉, 「한국 근대 역사개념의 성립-'국사'의 탄생과 신채호의 민족사학」 『한국사학사학보』 12, 한국사학사학회, 2005.
- 김기승, 「신채호의 진화사관과 혁명사관의 대치」, 『단새 신채호의 현대적 조명』(대전대학교 지역협력연구원 편), 다운샘, 2003.
- 김명구, 「한말·일제강점 초기 신채호의 민족주의 사상」, 『단재 신채호의 현대적 조명』(대전대 지역협력연구원 편), 다운샘, 2003.
- 김민선, 「신채호의 교육사상」, 『한국 근현대이행기 사회연구』(김호일 편), 신서원, 2000.
- 김병민, 「신채호의 문학유고에 대한 자료적 고찰」, 『신채호문학유고선집』, 연변대학출판사(1995년 한국문화사에서 영인), 1994.
- 김상기, 「단재 신채호의 생장과 학문」, 『단재 신채호의 사상과 민족운동』, 충남대 충청문화연구소, 2010.
- 김성국, 「아나키스트 신채호의 시론적 재인식」, 『아나키즘연구』 창간호, 자유사회운동연구회, 1995.
- 김성수, 「신채호의 영웅 전기와 근대적 글쓰기 기획-『을지문덕』의 글쓰기 방식 재검토」, 『민족문학사연구』 41, 민족문학사학회, 2009.
- 김영범, 「신채호의 '조선혁명'의 길」, 『한국근현대사연구』 제18집, 한국근현대사학회, 2001.
- 김영하, 「단재 신채호의 신라삼국통일론-滄江 김택영의 서술논리와 비교하면서」, 『민족문화연구』 제17집, 고려대 민족문화연구소, 1983.
- 김영호, 「단재 신채호의 사관」, 『월간 독서생활』 6월호, 삼성출판사, 1976.
- 김인환, 「신채호의 근대성 인식」, 『민족문화연구』 제30호, 민족문화연구소, 1997.
- 김정배, 「신채호 사학의 계승과 비판」, 『아세아학보』 제18집, 아세아학술연구회, 1986.

- 김주현, 「「중국혁명사략」 저자 규명 및 창작 의의 연구」, 『한국독립운동사연구』 28, 2007.
- 김주현, 「신채호의 『신대한』 발행과 독립운동」, 『한국독립운동사연구』 36, 2010.
- 김준형, 「단재 신채호의 글쓰기와 소설 - 고전소설과 1910년대 단재 소설의 상관성을 중심으로」, 『민족문학사연구』 41, 민족문학사학회, 2009.
- 김해응, 「신채호의 문학관과 시가 연구」, 『청계논총』 3, 한국정신문화연구원, 2001.
- 김형배, 「신채호의 무정부주의에 관한 일고찰 ; P.크로포트킨과의 사상적 연계를 중심으로」, 『신채호의 사상과 민족독립운동』(단재신채호선생기념사업회 편), 1986.
- 김호일, 「신채호의 애국계몽운동」, 『한국민족운동사연구』 10집, 한국민족운동사연구회, 1994.
- 김희주, 「신채호 서사의 희극성 연구 - 「일목대왕의 鐵椎」, 「용과 용의 대격전」을 중심으로」, 『현대소설연구』 44, 한국현대소설학회, 2010.
- 노무지, 「단재 신채호의 민족주의 사상에 관한 일고찰」, 『논문집』 제11집, 국제대학, 1983.
- 노태구, 「신채호의 정치사상」, 『신채호의 사상과 민족독립운동』(단재신채호선생기념사업회 편), 1986.
- 류지아, 「신채호의 민중혁명론과 역사인식」, 『역사와 세계』 35, 효원사학회, 2009.
- 민필호, 「예관 신규식선생 전기」 [신규식(민병하 역), 『한국혼』, 박영사, 1978]
- 박걸순, 「1920년대 신채호의 역사인식과 역사서술 - 『조선사연구초』를 중심으로」, 『호서사학』 제50집, 호서사학회, 2008.
- 박걸순, 「신채호의 아나키즘 수용과 동방피압박민족연대론」, 『한국독립운동사연구』 38, 한국독립운동사연구소, 2011.

- 박난영, 「바진, 세계를 향해 창문을 열다」, 『역사비평』 93호.
- 박영석, 「단재 신채호의 만주관」, 『단재 신채호와 민족사관 – 단재신채호선생 탄신100주년기념논집』(단재신채호선생기념사업회 편), 1980.
- 박정심, 「신채호의 유교인식에 관한 연구 – 근대적 주체 문제와 관련하여」, 『한국사상사학보』 22, 한국사상사학회, 2004.
- 박정심, 「한국 근대 민족주의와 공동체주의의 상관성에 관한 연구 – 박은식과 신채호의 경우를 중심으로」, 『한국인물사연구』 제11호, 한국인물사연구소, 2009.
- 박찬승, 「한말 신채호의 역사관과 역사학 ; 청말 梁啓超와의 비교를 중심으로」, 『한국문화』 9, 서울대 한국문화연구소, 1988.
- 박찬승, 『한국근대정치사상사 연구』, 역사비평사, 1992.
- 박찬승, 「1920년대 신채호와 梁啓超의 역사연구방법론 비교 – E. 베른하임을 참고하여」, 『한국사학사학보』 9, 한국사학사학회, 2004.
- 배용일, 「신채호의 고대사 인식고」, 『백산학보』 제23호, 백산학회, 1977.
- 배용일, 「신채호의 낭가사상고」, 『단재신채호와 민족사관』(단재신채호선생기념사업회 편), 1980.
- 배용일, 「신채호 낭가사상의 배경과 구조」, 『신채호의 사상과 민족독립운동』(단재신채호선생기념사업회 편), 1986.
- 배용일, 「신채호의 애국계몽사상 연구」, 『한국근현대사논총』, 오세창교수화갑기념논총간행위원회, 1995.
- 배용일, 「박은식과 신채호 사상의 비교연구」, 성신여대박사학위논문, 1996
- 배용일, 「박은식과 신채호의 애국계몽사상의 비교 고찰」, 『한국민족운동사연구』 13집, 한국민족운동사연구회, 1996
- 배용일, 「박은식과 신채호의 성장과정과 학문수학의 비교」, 『한국민족운동사연구』(于松조동걸선생정년기념논총간행위원회 편), 나남, 1997.
- 배용일, 「박은식과 신채호의 역사사상 비교 – 역사국혼론과 낭가사상을 중심으로」, 『죽당이현희교수화갑기념한국사학논총』, 죽당이현희교수화갑기념한

국사학논총간행위원회, 1997.
- 백동현,「신채호와 '국'의 재인식」,『역사와현실』29, 한국역사연구회, 1998.
- 서중석,「신채호의 무정부주의에 대한 소고」,『한국민족운동사연구』(于松조동걸선생정년기념논총간행위원회 편), 나남, 1997.
- 손문호,「단재 신채호의 정치사상」,『호서문화논총』5집(청원군특집), 서원대학호서문화연구소, 1988.
- 송인창,「단재 신채호의 철학사상과 현실인식」,『한국사상과 문화』17, 한국사상문화학회, 2002.
- 신복룡,「신채호의 무정부주의」,『동양정치사상사』Vol.7, No.1, 한국동양정치사상사학회, 2008.
- 신연재,「동아시아 3국의 사회진화론 수용에 관한 연구」, 서울대 박사학위논문, 1991.
- 신용하,「신채호의 무정부주의 독립사상」,『동방학지』38, 연세대 국학연구원, 1983.
- 신용하,「신채호의 민족주의와 무정부주의」,『성곡논총』14, 성곡학술문화재단, 1983.
- 신용하,「신민회의 창건과 그 국권회복운동(상·하)」,『한국학보』8·9, 일지사, 1977.
- 신용하,「신채호의『독사신론』의 비교분석-1908년경 시민적 근대민족주의 사학의 성립」,『단재신채호와 민족사관-단재신채호선생 탄신100주년기념논집』(단재신채호선생기념사업회 편), 1980.
- 신용하,「신채호의 애국계몽사상(상·하)」,『한국학보』19·20, 일지사, 1980.
- 신용하,「신채호의 무정부주의 독립사상」,『동방학지』38, 연세대 국학연구원, 1983.
- 신용하,「신채호의 민족주의와 무정부주의」,『성곡논총』14, 성곡학술문화재단, 1983.
- 신용하,「신채호의 민족독립운동론의 특징」,『신채호의 사상과 민족독립운

- 동』(단재신채호선생기념사업회 편), 1986.
- 신용하, 「신채호의 민족주의와 '신역사'; 그의 초기 민족주의사관과 후기 민족주의사관을 중심으로」, 『아세아학보』 제18집, 아세아학술연구회, 1986.
- 신용하, 「신채호의 생애와 사상과 독립운동」, 『계간 사상』 가을호, 사회과학원, 1991.
- 신일철, 「신채호의 무정부주의사상」, 『한국사상』 15, 1977.
- 신일철, 「신채호의 자강론적 국사상-청말 嚴復·梁啓超의 변법자강론의 서구수용과 관련하여」, 『한국사상』 제10집, 한국사상연구회, 1972.
- 신일철, 「신채호의 민족사적 역사이론-『조선상고사』 "총론"에 대한 비판적 분석」, 『성곡논총』 5집, 성곡학술문화재단, 1974.
- 신일철, 「신채호의 무정부주의사상」, 『한국사상』 15, 한국사상연구회, 1977.
- 신일철, 「신채호의 근대적 국사상 발상과정-개화기 국사교과서에 대한 단재의 비판」, 『단재신채호와 민족사관-단재신채호선생 탄신100주년기념논집』(단재신채호선생기념사업회 편), 1980.
- 신일철, 「신채호의 근대국가론; 자강주의 '국가'에서 애너키즘적 '사회'에로」, 『신채호의 사상과 민족독립운동』(단재신채호선생기념사업회 편), 1986.
- 신일철, 「신채호의 근대국가관」, 『현대 사회철학과 한국사상』, 문예출판사, 1997.
- 신일철, 「신채호의 민족주의적 세계관과 그 극복」, 『계간 사상』 여름호, 사회과학원, 1997.
- 심경호, 「단재 신채호의 한시」, 『국학연구』 1, 한국국학진흥원, 2002.
- 안병직, 「단재 신채호의 민족주의」, 『창작과 비평』 제8권 제3호, 창작과 비평사, 1973.
- 양윤모, 「신채호의 사학에 관한 일연구-역사의식의 형성을 중심으로」, 인하대 석사학위논문, 1989.
- 오세창, 「신규식」, 『독립운동의 星座 10인』(박성봉 등), 신구문화사, 1975.
- 오세창, 「신채호의 해외 언론활동; 1910년대 초 노령을 중심으로」, 『신채호의

- 사상과 민족독립운동』(단재신채호선생기념사업회 편), 1986.
- 오장환, 「1920년대 재중국 한인 무정부주의운동」, 『국사관논총』 제25집, 국사편찬위원회, 1991.
- 우남숙, 「신채호의 국가론 연구 : 이론적 구조를 중심으로」, 『한국정치학회보』 32집 4호, 한국정치학회, 1999.
- 우실하, 「단재 신채호 애국계몽사상의 전개과정에 대한 연구(1905~1910)」, 연세대 석사학위논문, 1988.
- 윤정란, 「일제강점기 박자혜의 독립운동과 독립운동가 아내로서의 삶」, 『이화사학연구』 제38집, 이화사학연구소, 2009.
- 이경선, 「신채호의 역사·전기소설」, 『한국학논집』 제6집, 한양대학교 한국학연구소, 1984.
- 이경선, 「단재 신채호의 문학」, 『신채호의 사상과 민족독립운동』(단재신채호선생기념사업회 편), 1986.
- 이동순, 「단재소설에 나타난 낭가사상-단재신채호전집〈보유〉소수 9편을 대상으로」, 『어문논총』 12호(총장 설당 금영선박사 송수기념 특집), 경북대학교 국어국문학과, 1978.
- 이만열, 「단재 신채호의 역사학에 관한 연구」, 서울대 박사학위논문.
- 이만열, 「신채호-고대사인식의 진환점」, 『월간중앙』 5월호, 중앙일보사, 1975.
- 이만열, 「단재 신채호의 고대사인식 試考」, 『한국사연구』 15, 한국사연구회, 1977.
- 이만열, 「단재 신채호의 역사연구 방법론」, 『산운사학』 창간호, 산운학술문화재단, 1985.
- 이만열, 「단재 신채호의 북경중심의 독립운동」, 『중국에서의 항일독립운동』(한중교류연구중심 편), 2000.
- 이성은, 「단재 신채호의 고대사 인식에 관한 연구」, 연세대 석사학위논문, 1995.
- 이윤화, 「梁啓超와 신채호사학의 비교시론」, 『역사교육논집』 17집, 역사교육

- 학회, 1992.
- 이재권, 「단재 신채호의 근대정신」, 『유학연구』 제1집, 충남대학교 유학연구소, 1993.
- 이종춘, 「단재 신채호의 생애와 사상」, 『논문집』 제19집, 청주교육대학, 1983.
- 이진규, 「구한말에 있어서의 단재 신채호의 역사인식」, 연세대 석사학위논문, 1991.
- 이현희, 「대한민국임시정부와 신채호의 위치」, 『한국민족운동사연구』 10집, 한국민족운동사연구회, 1994.
- 이현희, 「단재 신채호사학의 정신적 배경」, 『국학연구』 제4집, 국학연구소, 1998.
- 이호룡, 「신채호의 아나키즘」, 『역사학보』 177, 역사학회, 2003.
- 李和貞, 「1920〜1930年代における在日朝鮮人アナキストの思想と行動」, 東京學藝大學 修士學位論文, 2012.
- 임문철, 「단재 신채호 사상의 연구-그 변화·발전을 중심으로」, 경희대 석사학위논문, 1981.
- 임춘수, 「신규식·신채호 등의 산동문중 개화사례」, 『윤병석교수화갑기념 한국근대사논총』, 한국근대사논총간행위원회, 1990.
- 장경남, 「신채호 역사전기의 형상화 방식과 의미」, 『민족문학사연구』 41, 2009
- 장성수, 「신채호 문학의 민족주의적 성격」, 『인문논총』 16, 전북대학교 인문과학연구소, 1986.
- 장을병, 「단재 신채호의 민족주의와 무정부주의」, 『단재신채호와 민족사관-단재신채호선생 탄신100주년기념논집』(단재신채호선생기념사업회 편), 1980.
- 정경운, 「근대 '정의'를 이해하는 두 가지 방식-이광수와 신채호를 중심으로」, 『현대문학이론연구』 38, 현대문학이론학회, 2009.

- 정문길, 「단재 신채호의 교육사상 연구」, 단국대 석사학위논문, 1994.
- 정영훈, 「한말 신채호 사학의 정치적 성격」, 『국학연구』 5, 국학연구소, 2000.
- 정창렬, 「한말 신채호의 역사의식」, 『손보기박사 정년기념 한국사학논총』, 지식산업사, 1988.
- 정창렬, 「20세기 전반기 민족문제와 역사의식 – 신채호를 중심으로」, 『한국사 인식과 역사이론』(김용섭교수정년기념한국사학논총간행위원회 편), 지식산업사, 1997.
- 趙景達, 「金玉均から申采浩へ―朝鮮における國家主義の形成と轉回」, 『'近代'を人はどう考えてきたか』(歷史學硏究會 編), 東京大學出版會, 1996.
- 조광수, 「한·중·일 아나키즘의 시론적 비교 – 신채호, 劉師培, 幸德秋水의 사상과 운동을 중심으로」, 『한일연구』 제10집, 한국일본문제연구회, 1997.
- 조동걸, 「안동 유림의 도만 경위와 독립운동상의 성향」, 『대구사학』 15·16합집, 1978.
- 조동걸, 「임시정부 수립을 위한 1917년의「대동단결의 선언」」, 『한국학논총』 제9집, 국민대 한국학연구소, 1987.
- 조동걸, 「단재 신채호의 삶과 유훈」, 『한국사학사학보』 3, 한국사학사학회, 2001.
- 조법종, 「단재 신채호의 민족사학연구」, 『한국종교사연구』 13, 한국종교사학회, 2005.
- 조인성, 「신채호의 낭가사상에 대한 일고찰 ; 「동국고대선교고」를 중심으로」, 『경대사론』 창간호, 경남대학교 사학회, 1985.
- 조인성, 「신채호의 고구려사 인식 – 북한에 미친 영향을 중심으로」, 『동북아역사논총』 23호, 동북아역사재단, 2009.
- 진덕규, 「단재 신채호의 민중·민족주의의 인식」, 『신채호의 사상과 민족독립운동』(단재신채호선생기념사업회 편), 1986.
- 최광식, 「『천고』의 「고고편」에 보이는 신채호의 고대사 인식」, 『한국사학사학보』 3, 한국사학사학회, 2001.

- 최기영, 「일제강점기 신채호의 언론활동」, 『한국사학사학보』 3, 한국사학사학회, 2001.
- 최수정, 「신채호의 『꿈하늘』·『용과 용의 대격전』 연구」, 『한양어문』 19, 한국언어문화학회, 2001.
- 최옥산, 「단재의 아나키즘과 중국, 그리고 문학, 『민족문학사연구』 41, 2009.
- 최원식, 「서양과 일본, 이중의 충격 사이에서-단재 신채호가 걸어간 길」, 『민족문학사연구』 16호, 민족문학사연구소, 2000.
- 최정수, 「단재 신채호의 국제관」, 『한국학논집』 26, 한양대 한국학연구소, 1995.
- 최홍규, 「민족사의 탐구와 실천적 지성-단재 신채호편」 『세대』 192호, 월간세대사, 1979.
- 최홍규, 「신채호의 전기 민족독립사상-민족과 역사자강의 초기 사상적 지표와 성향」, 『단재신채호와 민족사관-단재신채호선생 탄신100주년기념논집』 (단재신채호선생기념사업회 편), 1980.
- 최홍규, 「신채호사학의 근대성과 민중사관; 특히 역사관의 기본성향과 전개를 중심으로」, 『신채호의 사상과 민족독립운동』 (단재신채호선생기념사업회 편), 1986.
- 최홍규, 「신채호의 민중적 민족주의와 독립로선; 그 이념적 성격과 독립운동의 전술론」, 『아세아학보』 제18집, 아세아학술연구회, 1986.
- 최홍규, 「신채호의 근대민족주의사학-특히 근대성과 민중사관 문제와 관련하여」, 『한국민족운동사연구』 10집, 한국민족운동사연구회, 1994.
- 최홍규, 「신채호, 탐구와 도전의 역사상-부 신채호 연보」, 『경기사학』 7, 경기사학회, 2003.
- 하기락, 「단재의 아나키즘」, 『단재 신채호와 민족사관』, 단재신채호선생기념사업회, 1980.
- 하일식, 「신채호-투쟁 속에 살다간 민족주의자」, 『역사비평』 20호, 역사문제연구소, 1993.

- 하정일, 「후기 신채호의 아나키즘과 최종심급으로서의 민족주의」, 『민족문학사연구』 41, 2009.
- 한관일, 「신채호의 교육사상 연구」, 『한국의 청소년문화』 2, 한국청소년문화학회, 2002.
- 한규선, 「신채호와 이광수 : 민족적 저항과 현실주의 타협의 논리」, 『한국정치사상의 비교연구』(한국정신문화연구원 편), 1999.
- 한기형, 「동아시아 담론과 민족주의 - 신채호의 논의와 관련하여」, 『한국사학사학보』 3, 한국사학사학회, 2001.
- 한시준, 「신채호의 재중독립운동」, 『한국사학사학보』 3, 한국사학사학회, 2001.
- 한시준, 「신채호의 중국에서의 독립운동」, 『단재 신채호의 사상과 민족운동』(충남대학교 충청문화연구소 편), 대전광역시, 2010.
- 한영우, 「한말에 있어서의 신채호의 역사인식」, 『단재신채호와 민족사관 - 단재신채호선생 탄신100주년기념논집』(단재신채호선생기념사업회 편), 1980.
- 한영우, 「1910년대의 신채호의 역사의식」, 『한우근박사정년기념사학논총』, 지식산업사, 1981.
- 한영우, 「단재 신채호의 민족주의 사학」, 『우리 역사와의 대화』, 을유문화사, 1992.
- 한중모, 「신채호의 문학의 기본 특징」, 『퇴계학과 한국문화』 35-2, 경북대 퇴계학연구소, 2004.

찾아보기

ㄱ

『가정잡지』 20, 26
갑오농민군 13, 15
갑오농민전쟁 15
강세우 113
강유웨이 92
강택희 51
계급투쟁 77, 79
『고구려 삼걸전』 66
고려공산당 114
고순흠 99
고창일 108
고토쿠 슈스이 41, 86~88, 91
공산주의 103, 104, 123
공산주의자 115
공화주의 66
곽경 113
광복회 49
국가사회주의당 100
국가주의 39, 40, 43
국민대표회 110
「국사사론」 68
국수주의 101
국채보상운동 29, 32
군사통일촉성회 108
군사통일회의 108, 109, 111
『권업신문』 49, 55, 57, 87
권업회 51, 52, 55

권업회발기회 52
김갑 110
김구 28
김규식 18, 60
김달하 97
김두봉 99
김부식 65, 66, 68, 79
김상윤 113
김성도 112
김성무 49
김연성 16
김영학 108
김용준 60
김원봉 111, 113, 116
김익용 51
김정묵 109
김지간 45~47
김창숙 101, 110
김학만 49
김희선 45, 47
『꿈하늘』 61, 89

ㄴ

남공선 110, 111
남형우 108
노백린 28
농주 60

185

ㄷ

다나카 암살저격사건　115
다물단　133
「다물단선언」　133
『대동』　109
「대동단결의 선언」　94
대동사상　92~94, 99
『대동사천년사』　69
대동청년단　60
대양보　51
『대양보』　49, 52, 53, 55, 87
대한독립단　99
「대한독립선언서」　94
대한독립청년단　108
『대한매일신보』　26, 29, 67, 69
독립군　47
독립군기지　44
독립우선론　37, 38
독립협회　18
「독사신론」　40, 65, 67~69, 79
동방무정부주의자동맹　134
동방무정부주의자연맹　139
동방아나키스트대회　139
동아무정부주의자대동맹　135
동아무정부주의자동맹회　134
『동아일보』　81, 82, 133
동양주의　42
동제사　60
동창학교　61, 71

ㄹ

『로마제국쇠망사』　74
류기석　135
류스푸　87

류인석　57
류인식　16, 21
류자명　80, 133
리스쩡　132
린빙원　137, 138

ㅁ

마오다오웨이　61
무관학교　44, 47
무정부주의동방연맹　135~138
문동학원　20
문일평　60, 88
문창범　49, 94, 108
문철　108
민제호　60
민족전선론　130, 152, 154
「민족전선을 위하여」　152
민족주의　39, 40, 42, 43, 62, 69, 75, 79, 94, 122, 152, 153, 155
민종사　135
민중들의 직접행동에 의한 사회혁명론　118, 124
민중사　135
민중직접혁명　120, 123
민중직접혁명론　116, 118, 131, 154
민필호　60

ㅂ

바쿠닌　95, 99, 125
박건병　110
박달학원　60
박동원　58
박봉래　109
박숭병　101
박용만　94, 108, 110

박은식   26, 28, 49, 60, 93, 94
박자혜   108
박정래   97
박중화   99
박찬익   60
방석범   108
배동선   113
백순   49
백원보   49, 54, 59
백정기   132
변영만   16

ㅅ

사실에 의한 선전   131, 154
사회개조·세계개조론   92~94, 96
사회주의   41
사회진화론   18, 19, 37, 61, 91, 92, 94, 103
사회혁명   119, 128
산동학당   20, 23
상호부조론   43, 62, 87, 91, 99, 100
상호부조설   105
생존경쟁론   43, 91, 99
생존경쟁설   62, 105
서상락   113
서왈보   97, 108, 111
선실력양성론   37
선실양성론   142
「선언」   117, 119
「선포문」   107
「성토문」   110
세계주의   42, 43
슈지안   135
『시대일보』   83
신간회   122, 123

신건식   60
신국권   107
신규식   20, 23, 59, 60, 87, 88, 94, 113
신기선   16
『신대한』   99, 100, 103, 107, 108
신대한동맹단   108
신민회   28, 29, 44
신백우   13, 20, 23, 60, 70, 99, 151, 152
신병휴   13, 16
신성우   10, 11
신숙   108, 110
신승구   13, 16
신영우   85
신철휴   113
신충식   23
신한민촌   47
신헌   97
신흥우   18
실력양성론   61
쑨원   112, 113

ㅇ

아시아연대론   42
안근생   112
안재홍   122
안창호   28, 45, 46, 47, 49, 53, 54, 58, 94, 111
안태국   28
암살단   112
암살대   113
암살론   41, 88
양기탁   28, 44
양지칭   138
엄인섭   51, 52

여운형　107
『영웅숭배론』　74
영웅주의　66
영웅주의적 국가관　40
오산학교　45
오성륜　111
오스기 사카에　134
옥관빈　107
외교독립론　61
외교론　118
요의　34
원세훈　107
유동열　28, 45, 47, 49, 108
유문상　137
유인석　49
유진률　51, 53
유호임시국민대회　107
윤세복　49, 61, 71
윤세주　113
윤치호　28
『을지문덕』　65
의열단　112, 113, 128
이갑　28, 45, 46, 47, 49, 54, 57
이강　28, 47, 49
이광　60
이광수　60
이규준　133
이규학　133
이극로　111
이근용　58
이기현　18
「이날을 목 놓아 통곡한다」　24, 25
이남규　16
이동녕　28, 49
이동휘　28, 49, 94, 100, 114
이범윤　49, 57

이상룡　94
이상설　49, 51, 52, 57
이상재　18, 28
이성우　113
이성춘　133
이승만　94, 97, 106, 110, 111
이승훈　28
이시영　28
이와사 사쿠타로　135
이위종　49
이윤재　72, 75
이은숙　108
이을규　132
이정규　132
이종만　45, 47
이종암　113
이종원　138
이종호　28, 45, 47, 49, 51~54, 57
이진룡　49
『이태리 건국 삼걸전』　63, 65
이필현　86, 135, 138
이호영　133
이회영　28, 101, 111, 132
임술농민항쟁　14
임시정부　97
임치정　28

ㅈ

자강운동　44
장건상　111
『장광설』　41, 86, 88
장도빈　59
장두빈　58
장지연　24, 25
재중국조선무정부주의자연맹　132

전덕기 28
정남수 45, 47
정순만 49
정인보 60, 88
정재관 49
정치혁명 119, 123
정한경 110
정화암 132
제2 보합단 108
조동진 108
조선노동공제회 99
조선노동문제연구회 99
조선민족전선연맹 152, 155
「조선사」 75, 77, 79, 85, 152
『조선사연구초』 82, 85
「조선상고문화사」 72, 75, 79, 85, 152
『조선상고사』 77
『조선일보』 72, 75, 85, 134, 152
조선학생회 115
「조선혁명선언」 80, 116, 127, 129
조선흑치단 135
조성환 28, 45, 49, 60
조소앙 16, 22, 60, 88, 94
조창호 51
주진수 28
준비론 118
중한협회 113
『중화신보』 89
지주전호제 14

ㅊ

『천고』 101, 103, 111
청년근업회 49, 51, 52
최광옥 28
최봉준 49

최재형 49, 51
칭다오 회의 44, 47

ㅋ

크로포트킨 43, 62, 87, 91, 94, 100, 104, 105, 120, 130

ㅌ

테러적 직접행동 127, 131
테러적 직접행동론 88, 105, 111, 115, 127, 128, 154
통일책진회 109, 110, 111

ㅎ

학생단 108
한국인 아나키스트대회 117, 136
한기악 81, 83
한문무용론 20
한봉근 113
한봉인 113
한영복 101
한용운 151, 152
한위건 99, 107
한인사회당 100
한인학생동맹 115
한진산 60, 97, 108
한형권 58
항일성토문 22
「헌의서」 19
홍명희 60, 82, 83, 85, 88, 123
홍범도 49, 51, 52
『황성신문』 24~26
흑색청년동맹 111

영원한 자유인을 추구한 민족해방운동가 신채호

1판 1쇄 발행 2013년 11월 30일
1판 2쇄 발행 2021년 5월 31일

글쓴이   이호룡
기   획   독립기념관 한국독립운동사연구소
펴낸이   한시준
펴낸곳   역사공간
           주소: 서울특별시 마포구 동교로 19길 52-7 PS빌딩
           전화: 02-725-8806, 팩스: 02-725-8801
등록   2003년 7월 22일 제6-510호
ISBN 978-89-98205-37-9 03900

*잘못된 책은 바꿔 드립니다.

역사공간이 펴내는 '한국의 독립운동가들'

독립기념관은 독립운동사 대중화를 위해 독립운동가를 발굴·선정하여,
그들의 삶과 자취를 조명하는 열전을 기획하고 있다.

001 근대화의 선각자 - 최광옥의 삶과 위대한 유산
002 대한제국군에서 한국광복군까지 - 황학수의 독립운동
003 대륙에 남긴 꿈 - 김원봉의 항일역정과 삶
004 중도의 길을 걸은 신민족주의자 - 안재홍의 생각과 삶
005 서간도 독립군의 개척자 - 이상룡의 독립정신
006 고종 황제의 마지막 특사 - 이준의 구국운동
007 민중과 함께 한 조선의 간디 - 조만식의 민족운동
008 봉오동·청산리 전투의 영웅 - 홍범도의 독립전쟁
009 유림 의병의 선도자 - 유인석
010 시베리아 한인민족운동의 대부 - 최재형
011 기독교 민족운동의 영원한 지도자 - 이승훈
012 자유를 위해 투쟁한 아나키스트 - 이회영
013 간도 민족독립운동의 지도자 - 김약연
014 대한민국 임시정부의 민족혁명가 - 윤기섭
015 서북을 호령한 여성독립운동가 - 조신성
016 독립운동 자금의 젖줄 - 안희제
017 3·1운동의 얼 - 유관순
018 대한민국임시정부의 안살림꾼 - 정정화
019 노구를 민족제단에 바친 의열투쟁가 - 강우규
020 미 대륙의 항일무장투쟁론자 - 박용만
021 영원한 대한민국임시정부의 요인 - 김철
022 혁신유림계의 독립운동을 주도한 선구자 - 김창숙
023 시대를 앞서간 민족혁명의 선각자 - 신규식
024 대한민국을 세운 독립운동가 - 이승만
025 한국광복군 총사령 - 지청천
026 독립협회를 창설한 개화·개혁의 선구자 - 서재필
027 만주 항일무장투쟁의 신화 - 김좌진
028 일왕을 겨눈 독립투사 - 이봉창
029 만주지역 통합운동의 주역 - 김동삼
030 소년운동을 민족운동으로 승화시킨 - 방정환
031 의열투쟁의 선구자 - 전명운
032 대종교와 대한민국임시정부 - 조완구
033 재미한인 독립운동의 표상 - 김호
034 천도교에서 민족지도자의 길을 간 - 손병희
035 계몽운동에서 무장투쟁까지의 선도자 - 양기탁
036 무궁화 사랑으로 삼천리를 수놓은 - 남궁억
037 대한 선비의 표상 - 최익현
038 희고 흰 저 천 길 물 속에 - 김도현
039 불멸의 민족혼 되살려 낸 역사가 - 박은식
040 독립과 민족해방의 철학사상가 - 김중건
041 실천적인 민족주의 역사가 - 장도빈
042 잊혀진 미주 한인사회의 대들보 - 이대위
043 독립군을 기르고 광복군을 조직한 군사전문가
    - 조성환
044 우리말·우리역사 보급의 거목 - 이윤재
045 의열단·민족혁명당·조선의용대의 영혼 - 윤세주
046 한국의 독립운동을 도운 영국 언론인 - 배설
047 자유의 불꽃을 목숨으로 피운 - 윤봉길
048 한국 항일여성운동계의 대모 - 김마리아
049 극일에서 분단을 넘은 박애주의자 - 박열
050 영원한 자유인을 추구한 민족해방운동가 - 신채호
051 독립전쟁론의 선구자 광복회 총사령 - 박상진
052 민족의 독립과 통합에 바친 삶 - 김규식
053 '조선심'을 주창한 민족사학자 - 문일평

054 겨레의 시민사회운동가 - 이상재
055 한글에 빛을 밝힌 어문민족주의자 - 주시경
056 대한제국의 마지막 숨결 - 민영환
057 좌우의 벽을 뛰어넘은 독립운동가 - 신익희
058 임시정부와 흥사단을 이끈 독립운동계의 재상 - 차리석
059 대한민국임시정부의 초대 국무총리 - 이동휘
060 청렴결백한 대한민국 임시정부의 지킴이 - 이시영
061 자유독립을 위한 밀알 - 신석구
062 전인적인 독립운동가 - 한용운
063 만주 지역 민족통합을 이끈 지도자 - 정이형
064 민족과 국가를 위해 살다 간 지도자 - 김구
065 대한민국임시정부의 이론가 - 조소앙
066 타이완 항일 의열투쟁의 선봉 - 조명하
067 대륙에 용맹을 떨친 명장 - 김홍일
068 의열투쟁에 헌신한 독립운동가 - 나창헌
069 한국인보다 한국을 더 사랑한 미국인 - 헐버트
070 3·1운동과 임시정부 수립의 숨은 주역 - 현순
071 대한독립을 위해 하늘을 날았던 한국 최초의
　　여류비행사 - 권기옥
072 대한민국임시정부의 정신적 지주 - 이동녕
073 독립의군부의 지도자 - 임병찬
074 만주 무장투쟁의 맹장 - 김승학
075 독립전쟁에 일생을 바친 군인 - 김학규
076 시대를 뛰어넘은 평민 의병장 - 신돌석
077 남만주 최후의 독립군 사령관 - 양세봉
078 신대한 건설의 비전, 무실역행의 독립운동가 - 송종익
079 한국 독립운동의 혁명 영수 - 안창호

080 광야에 선 민족시인 - 이육사
081 살신성인의 길을 간 의열투쟁가 - 김지섭
082 새로운 하나된 한국을 꿈꾼 - 유일한
083 투탄과 자결, 의열투쟁의 화신 - 나석주
084 의열투쟁의 이론을 정립하고 실천한 - 류자명
085 신학문과 독립운동의 선구자 - 이상설
086 민중에게 다가간 독립운동가 - 이종일
087 의병전쟁의 선봉장 - 이강년
088 독립과 통일 의지로 일관한 신뢰의 지도자
　　- 여운형
089 항일변호사의 선봉 - 김병로
090 세대·이념·종교를 아우른 민중의 지도자 - 권동진
091 경술국치에 항거한 순국지사 - 황현
092 통일국가 수립을 위해 분투한 독립운동가 - 김순애
093 불법으로 나라를 구하고자 한 불교인 - 김법린
094 독립공군 육성에 헌신한 대한민국임시정부
　　군무 총장 - 노백린
095 불교계 독립운동의 지도자 - 백용성
096 재미한인 독립운동을 이끈 항일 언론인 - 백일규
097 재중국 한국인 아나키스트운동의
　　실천적 지도자 - 류기석
098 대한민국임시정부의 후원자 - 장제스
099 우리 말글을 목숨처럼 지킨 - 최현배
100 한국 독립과 동양평화의 사도 - 안중근
101 흔들리지 않는 한글 사랑 - 정태진